ROSALÍA

de la A a la Z

Obra editada en colaboración con Editorial Planeta – España

© del texto: Marta Salicrú
Diseño de portada: Planeta Arte & Diseño
Ilustración de portada: © Estudio Land.
Diseño de interior: dtm+tagstudy

Bajo el sello editorial PLANETA M.R.
Avenida Presidente Masarik núm. 111,
Piso 2, Polanco V Sección, Miguel Hidalgo
C.P. 11560, Ciudad de México
www.planetadelibros.com.mx

Primera edición impresa en España: septiembre de 2024
ISBN: 978-84-480-4175-5

Primera edición impresa en México: febrero de 2025
ISBN: 978-607-39-2311-8

Impreso en los talleres de Litográfica Ingramex, S.A. de C.V.
Centeno núm. 162-1, colonia Granjas Esmeralda, Ciudad de México
Impreso en México – *Printed in Mexico*

Marta Salicrú

ROSALÍA de la A a la Z

Planeta

Índice

Prólogo: aBcdEFg 10

A

Alfa 14
Antes de morirme 16
Aprendizaje 18
Autotune 20

B

Baix Llobregat 21
Bandida 22
Barcelona 24
Bizcochito 25

C

Calle 26
Cantaora 27
Con altura 28
Conexión 29
Coqueta 30
CUUUUuuuuuute 32

D

Despechá 33
Dinamita 35
Dios 36

E

Emperatriz 38
Enterada 40
Escenario 41
España 42
Estilo 43
Éxito 44
Expensiva 46
Extrarradio 47

F

Fama ... 48
Flamenco/a ... 50
Flash-forward ... 52
Frontear ... 53
Fucking money man ... 54

G

G (Como un) ... 56
G3 N15 ... 57
Grammy ... 58
Guapa ... 60
Gyales ... 62

H

Hackeado ... 63
Hentai ... 64
Hondura ... 66

I

Inteligencia artificial ... 68
Impulso ... 70

J

Jineta ... 72
Juqueao ... 74

K

Kawasaki ... 75
Keep working ... 76

L

La Rosalía ... 78
Latina ... 80
Libertad ... 82
Libra ... 83
Los Ángeles ... 84
Luna ... 86

M

Malamente 88
Mal Querer, El 90
Mandamientos 92
Me parto la camisa 94
Motomami 96

N

New Era 99
Ni se te ocurra ni pensarlo 100
Nueva York 102

O

Oral 104
Otaku 106

P

Pantalla 108
Patrona 110
Performance 112
Pilar 114
Pimpear 116
Popstar 117

Q

Qué reinona 118
Quinqui 120

R

Racineta 122
Rango 124
Reguetón 126
Riesgo 128
Rosalía 129
RR 130
Rumba catalana 132

S

Sacáis 134
Sakura 136

Saoko 138
Si no lo entienden, ya lo entenderán 140
Spanglish 142

T

Tatuaje 144
Tra, tra 146
Transformación 148
Treinta 149
Tuya 150

U

Ultrasonidos 152
Uñas 154
Undebel 155

V

Vendetta 156
VVS 159

W

Willie Colón 160
Winter-fall 162

X

Te despejo la X en un momento 164

Y

Yantas 166
Yenes 168

Z

Z (Generación) 170
Zapateao 171
Zarzamora 172
Zorra 174

Agradecimientos 177
Bibliografía 178
Biografía 191

Prólogo

Un abecedario o alfabeto es una serie ordenada de las letras con que se representan los sonidos que se usan para hablar un idioma. También para cantar en este. Aunque no tanto desde su álbum de debut, *Los Ángeles* (2017), pero sí ya desde el segundo, *El Mal Querer* (2018), Rosalia Vila Tobella (Sant Esteve Sesrovires, 1992) ha dado forma a un lenguaje propio con el que articula el universo de su proyecto artístico, que, como todo lo que hace, es una mezcla de fuentes: palabras en castellano normativo, coloquialismos, anglicismos, préstamos del español puertorriqueño, dominicano o de otros países de habla hispana, y un argot sui géneris resultado de su creatividad.

Abcdefg, el *track* número catorce de su álbum *Motomami* (2022), es un alfabeto por palabras. En este tipo de enumeraciones, cada letra del abecedario se identifica con un término, un recurso que se utiliza desde la primera mitad del siglo XX para deletrear en ámbitos donde una confusión al establecer coordenadas podía resultar fatal. La versión internacional del B de Barcelona, D de Dinamarca y T de Toledo que cuenta con más consenso es el de la OACI (Organización de Aviación Civil Internacional): el Alfa, Bravo, Charlie, Delta, etc., que forma parte de la cultura popular, desde el *Top Gun* (1986) de Tom Cruise al *CUUUUuuuuuute* de Rosalía («A de alfa, B de brava, C de Charlie, angelada, *crashed*, lady Di, llévame lejos de aquí»).

Abcdefg es el punto de partida de esta especie de enciclopedia que tienes en las manos, en el que cada una de las veintisiete letras del abecedario (incluidas la K y la L, que Rosalía se salta en el interludio de *Motomami*) nos ayudará a comprender su lenguaje, verbal y musical, y a profundizar en su universo creativo. En el principio era el verbo, y de la palabra surge la creación. Pero «keep it cute, manito, keep it cute, que aquí el mejor artista es Dios».

de la A

a la Z

A de Alfa

La primera letra del alfabeto griego, que se corresponde con la A de nuestro alfabeto latino y que se representa en el alfabeto por palabras usado en la aviación, es también el símbolo del principio, del origen, y el inicio perfecto de este abecedario, en oposición a omega, el fin, y el poema de Federico García Lorca que da título y cuya adaptación abre el álbum con el que el cantaor Enrique Morente y el grupo Lagartija Nick construyeron puentes entre el flamenco y el pop-rock por los que veinte años después correría Rosalía con botas Buffalo. Alfa es la persona socialmente dominante, la más exitosa y poderosa de un grupo, con ambición y confianza, si esto os suena a alguien. Pero alfa es también un producto aún en fase de desarrollo, que precede a la fase beta, como la mariposa en la crisálida, del cual solo apenas se intuye su potencial.

Antes

Rosalía no entra en la lista de canciones más escuchadas de España hasta 2018, año de publicación de *El Mal Querer*, pero esta colaboración con C. Tangana es el tema más temprano de su discografía que consigue éxito comercial. Publicada el verano de 2016 —las carreras de Rusi y Pucho empezaron a explotar en 2017 con la publicación de *Los Ángeles* en febrero por parte de ella y de *Ídolo* en octubre por parte de él—, *Antes de morirme* no llegó hasta octubre de 2018 al cielo del top 100 español —tocando techo en la posición 26 en 2019—, después de aparecer en el tercer episodio de la primera temporada de la serie *Élite* de Netflix. En esta composición y producción de Alizzz, colaborador habitual de Tangana —que ha incluido la canción en el repertorio en directo de su proyecto personal—, Rosalia Vila Tobella consta acreditada como cantante y letrista, y algunos de los versos de su estrofa como solista suenan a la Rosalía al ciento por ciento: la ética del trabajo («To'l día working, sin descansar»), las aspiraciones profesionales por encima de lo personal («No estoy para nadie, no me puedo casar»), la ambición económica («Y si volvemos, que sea solo pa' hacerlo llover», una lluvia de billetes que haría literal en 2019 en el videoclip de *Fucking Money Man*), y una primera reivindicación como cantaora («Sin ser gitana, tengo compás»), que se avanzaba con clarividencia a las

de morirme.

críticas que recibiría en el futuro por triunfar cantando flamenco siendo paya.

La canción y el videoclip, protagonizado por los dos artistas, quedan como recuerdo de la relación sentimental que mantenían en ese momento, como los *ad libs* (o jaleos) de El Madrileño en *Malamente* («Eso es», «vámonos»). Su segunda colaboración, *Llámame más tarde*, se desvaneció de las plataformas de *streaming*, pero se puede escuchar en la grabación de un concierto de C. Tangana en Madrid en 2016, en el que Rosalía participó como invitada. En 2024 *Antes de morirme* alcanzó los 300 millones de *streams* en Spotify, la décima canción de Rosalía en superar esta marca en la plataforma.

En la multitud de fuentes que narran cómo Rosalia Vila Tobella se convirtió en «la Rosalía», el relato fundacional canónico que cuenta cómo la heroína adquirió su superpoder, siempre se destaca su sed de conocimiento, curiosidad insaciable y enorme capacidad para aprender. La ética del trabajo como valor supremo, como cuando a James Brown se le apodaba *the hardest working man in show business*, y Rosalía como artista hecha a sí misma, una curranta a quien nadie ha regalado nada, ni siquiera el Dios al que cantando invoca, al concederle el talento. «Es una chica que ha trabajado mucho, desde muy pequeña», contaba en 2019 a *El País* Manoli Rodríguez, de la escuela de baile Ses Dansa de Sant Esteve Sesrovires, donde hizo clases de *jazz* moderno de los cuatro a los quince años. «Llegaba a la escuela con su bici plegable, la dejaba en un rincón, nos sentábamos en la escalera y me preguntaba de todo», aportaba en el mismo artículo el cantaor Gabriel Cortés, de la escuela de baile flamenco La Tani de Barcelona.

Apren

«Ella no pensaba en salir de fiesta: ella quería aprender flamenco, quería empaparse de música.» «No recuerdo ninguna alumna que tomara tantas clases. Se apuntaba a todo. Su predisposición para aprender era increíble», añadía Lluís Cabrera, fundador del Taller de Músics, Escuela Superior de Estudios Musicales de Barcelona, donde estudió entre 2010 y 2014. La persona a quien Rosalía llama su maestro es el cantaor gaditano José Miguel Vizcaya, el Chiqui, tal como lo presenta en los agradecimientos de *El Mal Querer*, justo después de su familia. «Yo buscaba aprender flamenco con alguien que supiera mucho», explicaba Rosalía cuando la entrevisté para la revista

dizaje

Time Out Barcelona en 2016. Decía que el mayor legado que le había transmitido el Chiqui en los ocho años que llevaba entonces empapándose de flamenco con él, primero en el Taller de Músics y luego en la ESMUC (Escola Superior de Música de Catalunya), era «el amor por aprender». «Mi maestro me ha enseñado a no querer dejar de estudiar: no habrá un día en que me levante y piense que ya sé. Me gusta estar en constante estudio y experimentación, buscando nuevos cantes, que se hayan hecho de forma distinta. Es lo mejor que pueden enseñarte: a querer aprender. Y más con el flamenco, que es vasto, no te lo acabas, es eterno.» Charlando con él en 2019 a propósito de un artículo para la revista *Barcelona Metròpolis*, el Chiqui definía a Rosalía como una alumna «fuera de lo común», con «facultades intelectuales que le permiten asimilar las cosas muy rápidamente». «Tiene una factura muy atractiva, un perfil de voz inusual por la rapidez de su vibrato», añadía, además de un oído musical «muy sensible». «Yo confío en que su capacidad para aprender deprisa también le servirá con las experiencias de la vida», manifestaba, cuando la carrera de Rosalía cogía velocidad, después de la publicación de *El Mal Querer* (2018). «Cuando la ves tan ajetreada, trabajando con tantos frentes abiertos, en el ojo del huracán, no sabes si se la llevará. Pero espero que se mantenga como una diosa, en pie, controlando los vientos… Es ambiciosa, pero sabe mantener la cabeza fría y los pies en tierra.»

Autotune

Rosalía tenía seis años cuando en 1998 el éxito de Cher *Believe* popularizó este procesador de sonido creado para corregir la afinación. Un recurso ideado para disimular errores en el canto que, usado hasta el exceso y dejando sus costuras a la vista, se convertía en un recurso expresivo que modificaba el timbre y aportaba modernidad a la voz de contralto de la cantante de cincuenta y dos años, melismas artificiales que le valieron el Grammy a la mejor grabación *dance* del año. *Flash-forward* hasta los 2010. Rosalía esquiva un *skater* cruzando su plaza favorita de Barcelona, la que acoge el Museo de Arte Contemporáneo. La plaza del MACBA es la zona cero de una escena que, lata de cerveza en la mano, hace uso y abuso del autotune: el *trap*, subgénero del *hip-hop* surgido en el sur de Estados Unidos, marcado por producciones minimalistas retro y un argot que glorifica la delincuencia —como la rumba quinqui de la década de 1980—. El *trap* se convierte en tendencia en España, con el colectivo PXXR GVNG liderado por el MC granadino Yung Beef como vanguardia del fenómeno, reuniendo a decenas de miles de jóvenes en el Fòrum en un concierto gratuito durante las fiestas de la Mercè de Barcelona de 2014, desafiando a la vieja guardia del *hip-hop* español de la década de 1990 con sonrisas de diente de oro que no pueden pagar. Los adultos no entienden nada, y a todo se le llama *trap* si viste chándal. Mientras, otro MC de Granada, Dellafuente, arranca en 2015 junto al cantaor Maka la gira Quejíos y Autotune, entre dos aguas, como Paco de Lucía. «El autotune es un sonido que me ha interesado investigar —dice Rosalía hablando de *El Mal Querer*—. Consigues una agresividad que con una voz orgánica sin ningún tipo de efecto no tienes. A mí me encanta que mi voz esté limpia, sin efectos, pero también que pueda llevarlos. Y usarlo como un elemento más de producción. Es importante no tener prejuicios cuando se escucha a un artista que usa autotune porque a muchos les gusta que su voz suene así para encontrar texturas de sonido. También te digo, no es fácil usarlo: yo he tenido que aprenderlo, porque es una manera diferente de cantar, es toda una técnica.» Rosalía cantaría por *Bulerías* con autotune en *Motomami*.

Rosalía tenía seis años cuando en 1998 el éxito de Cher *Believe* popularizó este procesador de sonido creado para corregir la afinación.

Baix Llobregat

El imaginario poligonero en el universo de Rosalía —tan icónico en el videoclip de *Malamente* y tan presente en la etapa de *El Mal Querer*— tiene mucho que ver con Sant Esteve Sesrovires (población: 8.000 habitantes), donde ella nació y creció, a una hora de Barcelona en ferrocarril y a cuatro kilómetros de la fábrica de Seat en Martorell para la que los hermanos Muñoz trabajaban antes de ser Estopa. Sant Esteve pertenece a la comarca del Baix Llobregat, en el sur de la provincia barcelonesa. Con pasado agrícola y ganadero, el Baixllo —cinturón rojo de mayoría socialista en el área metropolitana de origen obrero de Barcelona—, ha sido uno de los motores fabriles de Catalunya desde la Revolución Industrial.

Varias localizaciones del Baix han sido escenario de videoclips de Rosalía, como el Espai Corberó de Esplugues de Llobregat, donde se filmó el de su colaboración con Rauw Alejandro *Vampiros* (2023), o la Granja de la Ricarda de El Prat de Llobregat, donde se filmó el de su colaboración con Björk, *Oral* (2023). Receptora del Premio Personalitat Baixllobregatina de 2018 que otorga el Centre d'Estudis Comarcals del Baix Llobregat, en su primer concierto en el Palau Sant Jordi —el segundo recinto de mayor capacidad en Barcelona, donde han tocado Madonna, Beyoncé, Lana Del Rey o Rihanna— en 2019, leyó en voz alta emocionada la pancarta «Estima'm com la Rosalía estima el Baixllo». Un amor por su comarca que también manifestaba Alizzz en *Que pasa nen* («*Portaré a Castefa tres Grammy's a l'any, Rosalía i Estopa són del Baix Llobregat*»). Entre los talentos musicales de la comarca también destacan Aitana (Sant Climent), Chanel (Olesa de Montserrat), Joe Crepúsculo (Sant Joan Despí) y David Rodríguez de La Estrella de David, La Bien Querida, Beef (Sant Feliu). La masía modernista Mas Morera, adquirida por Rauw Alejandro en 2022 durante su relación con Rosalía, no está en el Baix Llobregat, sino en la comarca limítrofe al norte, el Bages, que tiene en común con el Baix la proximidad con el macizo de Montserrat y con el río Llobregat.

b de Bandida

La palabra que representa la B en *Abcdefg* es sinónima de ladrona según la Real Academia Española, pero, según la misma RAE, el término se usa también en sentido festivo o afectivo, que es por donde debe ir Rosalía cuando reclama este nombre de salteadora de caminos. En los 1970, David Bowie, pionero en el uso del concepto de marca personal en el pop y referente de transformarse en cada proyecto, se definía como «un ladrón elegante», y afirmaba de manera provocadora: «El único arte que voy a estudiar es aquel del que pueda robar». La idea del artista como alguien con la visión para descubrir el potencial artístico en algo ajeno, y con la habilidad de hacérselo suyo, es problemática en el siglo XXI. Bowie fue celebrado en 1980 por asimilar la estética de los Blitz Kids o New Romantics en el videoclip de *Ashes to Ashes*. Madonna fue tan aplaudida como criticada por sacar del armario a la cultura *ball* en su éxito *Vogue* en 1990. Beyoncé fue demandada por incorporar *samples* del *bounce* de Nueva Orleans en su disco *Lemonade* en 2016. Es a la luz de este cambio cultural que hay que leer las críticas a Rosalía por incorporar a su discurso artístico, aunque sea desde el estudio y el respeto, elementos de culturas que no le son propias, que han servido para estigmatizar a colectivos no privilegiados. Pero estas críticas no se aplican de manera universal a todos los artistas. «No ha hecho nada que no se haya hecho desde el inicio de los tiempos. De toda la vida, con mis compañeros de profesión payos hemos usado palabras propias del pueblo gitano», decía su maestro el Chiqui en 2019, apuntando que ciertas condenas a Rosalía tienen raíz en algo tan español como los faralaes: la envidia del éxito ajeno. También podrían estar enraizadas en una misoginia interiorizada e incluso en cierta catalanofobia.

BARCELONA

«Es mi ciudad y siempre me gusta volver.»

La Rosalía *«estima el Baixllo»*, pero «es de Barcelona» (la presenta Rauw Alejandro en *Vampiros*). Es en la capital catalana donde realiza los estudios superiores de música en el Taller de Músics y la ESMUC —donde obtiene la matrícula de honor por el trabajo de fin de grado que resultará en su álbum *El Mal Querer* (2018)—, y es en esta ciudad donde empieza a actuar profesionalmente y donde adquiere categoría de secreto mejor guardado de la escena musical, con actuaciones en pequeñas salas de conciertos como Heliogàbal, Jamboree, JazzSí Club, 23 Robadors, Mediterráneo, Rouge, Bar Pastís, o el desaparecido Alfa Bar, además de en el Tablao de Carmen, donde citaría al productor el Guincho el 14 de mayo de 2016 para que la viese cantar, antes de empezar a trabajar juntos. Rosalía también ha actuado en los principales festivales de Barcelona: Primavera Sound (acompañando a Rocío Márquez en 2015; como invitada de C. Tangana en 2016; presentando *Los Ángeles* en 2017; y ya como cabeza de cartel en 2019 y 2023) y Sónar (donde presentó un avance de *El Mal Querer* en 2018). «Barcelona es una ciudad que me ha acogido durante muchos años, yo he crecido aquí como música —explicaba en su rueda de prensa en Primavera Sound 2019—. Siempre que puedo vuelvo aquí, porque es donde está mi centro, mi familia, donde más cómoda me siento. Es mi ciudad y siempre me gusta volver», como demuestra el videoclip de *Vampiros*, grabado en localizaciones icónicas de la ciudad como el Bar Marsella o la churrería al lado de la parada de metro Marina. La ciudad cosmopolita, reclamo de atención global con una personalidad autóctona, le sirve como metáfora y como primera parada de su viaje hacia el reconocimiento internacional, «de Barcelona pa' Santo Domingo», como canta en *Despechá*, y más allá.

Bizcochito

Dos veces reacciona Rosalía en su álbum *Motomami* (2022) a la canción *Saoco*, incluida en el debut en solitario *El Sobreviviente* (2004) del puertorriqueño Wisin con *featuring* del pionero del reguetón Daddy Yankee. Una es con el single *Saoko*, claro. La otra es *Bizcochito*, una de las canciones más explícitamente feministas de Rosalía. *Saoco* de Wisin y Daddy Yankee es un ejemplo de la cosificación y sexualización de la mujer tan habitual en el reguetón. A la pregunta «Papi, ¿quién tú eres?» que formula la voz femenina de la canción, Daddy Yankee responde: «Daddy-Daddy, money-money. El flow más killer. El rompe bocina. El sazón pa'l dembow. Yankee Man lo cocina», en un clásico alarde de fanfarronería propio de la música urbana que se remonta a los orígenes del *gangsta rap* a mediados de la década de 1980. Por contra, cuando son Yankee y Wisin quienes preguntan «¿Quién tú eres?», la cantante no acreditada responde: «Tu bizcochito», una bailarina en bikini haciendo *lip sync* en el videoclip. Ante la misma pregunta, el hombre se autoproclama el mejor MC y farda de tener dinero, mientras que la mujer responde ser un objeto (comestible) propiedad de otro. No es la respuesta que hubiese dado Rosalía, según contó durante la promo de *Motomami*: «Si a mí me lo hubieran preguntado, yo habría respondido diferente». Y, aunque nadie le pregunte: «¿Quién tú eres?», Rosalía responde: «Yo no soy ni voy a ser tu bizcochito». Como Daddy Yankee alardeando de talento en *Saoco*, Rosalía afirma haber sentado las bases de su pop de vanguardia con raíces en las músicas urbanas latinas.

La calle es un espacio de libertad en el imaginario de Rosalía. Aunque también pueda ser un espacio hostil, como el Hollywood Boulevard de Los Ángeles en *G3 N15*, la canción de *Motomami* que dedica a su sobrino («Estoy en un sitio que no te llevaría. Aquí nadie está en paz entre estrellas y jeringuillas. Estrellas de mármol, cortadas en el suelo. Papelas por la calle donde pasean las modelos»), no es en casa donde suceden las cosas: «Mariposas sueltas por la calle. Para verlas tienes que salir», advierte en *CUUUUuuuuuute*. La calle es metáfora de la vida, de las decisiones que tomamos, en *Maldición (Cap. 10: Cordura)*: «Me han dicho que no hay salida por esta calle que voy. Yo la tengo que encontrar, aunque me cueste la vida o, aunque tenga que matar». Pero salir a la calle, encontrar esa salida, no es una opción, es un *must*, una condición *sine qua non*, aunque las circunstancias puedan ser adversas: «Aunque no esté bonita la noche, undivé, voy a salir pa' la calle», decide en *Malamente (Cap. 1: Augurio)*. Porque es en la calle y en la noche, aunque no esté bonita, donde está la fiesta, tanto cuando la busca con Tokischa («Hay un teteo ahorita en un callejón con kitipó», tienta la dominicana al inicio de *Linda*; «Estilazo Versace saliendo del callejón», desfilan Rusi y Toki, puestas pa'l derroche, el pelo azabache, en *La combi Versace*) como cuando la prende con Rauw Alejandro en *Vampiros*.

Calle

Que la calle es y tiene que ser un espacio donde ser libre, en oposición a la prisión doméstica, lo teme el marido carcelero de *El Mal Querer* («Me da miedo cuando sale', sonriendo pa' la calle») en *Pienso en tu mirá (Cap. 3: Celos)*. Su carácter mutante lo celebra Rosalía en *Saoko* («La calle en Navidad, bebé»). Es por ese motivo que la Rosalía se declara «enamorá' de la calle» (*Chiri*). Un amor que es mutuo («La calle está enamorá', enamorada de mí», cita al Yung Beef de *Xapiadora*, de La Mafia del Amor) porque la calle es la gente que la habita, su público, pero también la autenticidad, la credibilidad, haber descubierto a Camarón sonando en un coche tuneado en un polígono del Baixllo.

Cantaora

Compositora también se escribe con C.

La voz es el instrumento principal de Rosalía. En el proceso de creación de un álbum, puede dedicar un año entero solo a las voces, tranquilamente. «En mis álbumes la voz está en el centro, siempre. Desde que escribo la canción, el proceso de encontrar la melodía, que se asiente en el cuerpo, luego rodarla hasta que realmente ya solo puedes centrarte en el *feeling*... Es entonces cuando suelen ser las buenas tomas. Toma tiempo.»

Pero, además de cantante (y de compositora, que también se escribe con c), Rosalía es también cantaora por su formación y expresión en el flamenco. «Soy igual de cantaora con un chándal de Versace que vestidita de bailaora», canta entre jaleos en las *Bulerías* con autotune de *Motomami*. Hay un momento en su reacción al análisis del youtuber Jaime Altozano a *El Mal Querer* en el que afirma: «Hay muchos cantes en el disco...», para luego corregirse al instante con sonrisa traviesa, como si se le hubiera escapado algo que no debía decir, y repite la frase cambiando *cantes* por un enfático *canciones*: «Hay muchas canciones en el disco...». Es igual de cantaora interprete cantes o canciones.

Con altura

«Esto vamos a arrancarlo con altura»: una frase del comunicador dominicano Mariachi Buda despegó en Miami la composición de una de las canciones más exitosas de Rosalía, con más de 2.000 millones de visualizaciones en YouTube y más de 750 millones de *streams* en Spotify. También una de las primeras en posicionarla en el mercado internacional: la que le valió su tercer Latin Grammy en 2019 en la categoría de mejor canción urbana —después de los dos conseguidos en 2018 por *Malamente*—, y el retorno de la colaboración con J Balvin después de su *featuring* en *Brillo* del colombiano. Incluida en la terna de palabras para describir la letra A en *Abcdefg* («A de alfa, altura, alien»), hacer algo «con altura» es, según Rosalía, hacerlo duro, fuerte, «con rango», y en palabras de Pablo Díaz-Reixa, el Guincho —con quien Rosalía comparte créditos de intérprete, composición y producción en la canción—, es hacerlo «con estilo, con elegancia», como contaron en *The New York Times*. «Quería hacer una canción con ese rollo de reguetón clásico, como Daddy Yankee», contaba Rosalía, que con el tema listo se la envió a Balvin por WhatsApp para ofrecerle colaborar, y este se embarcó en lo que definió como un reguetón directo y puro. En menos de tres minutos la canción resume, rimado *con altura*, el universo de Rosalía. Las menciones a «El cantante» de salsa Héctor Lavoe (con sabrosura) y al cantaor Camarón (a su manera) ubican su posición en el mapa entre las músicas latinas y el arte flamenco, y el vínculo de las aspiraciones económicas con el motor (el Porsche Panamera que manifiesta, como los Bentleys de *Milionària*) avanza la rueda que quemará en *Motomami*. Todo rematado con un estribillo que referencia el tópico del vive rápido, muere joven y deja un bonito cadáver (travesura, sepultura), y al de la inmortalidad a través del arte: «Esto es pa' que quede, lo que yo hago dura». El videoclip, firmado por Director X (con quien volvería a trabajar en el de *La fama*), le valió dos MTV Video Music Awards 2019, en las categoría de mejor vídeo latino y mejor coreografía.

«Cantar es en definitiva un acto de apertura ante los demás. En el momento en que subes al escenario abres ese diálogo», decía Rosalía en septiembre de 2023 en una entrevista de portada para la revista británica *Dazed*. Esta concepción de su oficio y de su arte como una forma de establecer una conexión con otras personas, como forma de comunicarse, es constante en las entrevistas que concede. «Quiero que me entiendan», continuaba en el mismo texto: «Quiero que la gente entienda de verdad que estoy siendo transparente. Cuando intento acercarme, forma parte de ese deseo». «Yo hago música con la ilusión de compartirla y de que la gente la disfrute conmigo. Pero no lo hago por los números —afirmaba en una en marzo de 2022—. No lo hago por una consecuencia como la que puede ser luego la fama.»

ConeXión

C

de Coqueta

La C es de coqueta, y la S es de sata, que en Puerto Rico y en el argot del reguetón vienen a decir lo mismo. Un proyecto musical es, además de un vehículo de expresión artística multidisciplinar, también un producto a comercializar. Como tantas otras solistas anteriores y contemporáneas, Rosalía conquista la cosificación del cuerpo femenino en la sociedad patriarcal para, como empresaria, utilizarla en sus propios intereses («¿Tú ere' el que pimpea o te pimpean a ti? Yo elegí mi la'o desde el día en que nací»), promocionando su música y monetizando su marca personal, siendo imagen de marcas de belleza y moda, como Dior, de la que es embajadora, Acne Studios, Skims (la marca de lencería de Kim Kardashian) o MAC Cosmetics, con la que en 2021 lanzó una colección con el nombre de su canción *Aute Cuture*. El tema, una referencia a la expresión francesa que significa «alta costura» —la vertiente más artística, artesana y exclusiva de la moda—, es uno de los muchos del cancionero de Rosalía post *El Mal Querer* que incluye referencias a iconos del sector: Gianni y Donatella en *La combi Versace*, Dior, Valentino, Saint Laurent, Vivienne Westwood, Fendi, Gucci (y su más prestigioso imitador, Dapper Dan), Moschino y Margiela. Un *name dropping* con función ostentosa, *bling-bling* cultural, que vincula la obra de Rosalía con el tropo del fanfarroneo en la música urbana, a la vez que ilustra un interés genuino en la moda que también ha demostrado con la elección de diseñadores como Dominnico y Dion Lee para vestirla en las giras de *El Mal Querer* y *Motomami*, así como con su presencia en las *front rows* de las Fashion Weeks de París y Milán, actuando en un desfile de Louis Vuitton en enero 2023 o asistiendo en 2021, 2022 y 2024 a la Met Gala. Rosalía ha bromeado con su tendencia al maximalismo —«Tacones, lunares para matar, bájale. Los flecos, las trenzas para matar, bájale. Eyeliner, leopardo para matar, bájale»— y es buenísima su reacción en *Vogue* al excesivo *look* en látex que se enfundó para el estreno de *El Rey León* en Madrid en 2019: «Madre mía, Rosalía, bájale». Una tendencia que ya tiene encauzada, como demuestra la sobriedad de sus looks más recientes.

«Una motomami sabe que el mejor artista es Dios», tuiteaba Rosalía el 15 de marzo de 2022, como parte de la serie de veinte aforismos en forma de tuits —conocidos como los veinte mandamientos motomami—, que precedieron la publicación del álbum el 18 de marzo de 2022. La frase sale del estribillo de *CUUUUuuuuuute*, canción número doce de *Motomami*, que sirve de contrapunto al cliché de la fanfarronería en el rap. En oposición al típico discurso de autoafirmación del rapero (que no está en la canción pero ni falta que hace porque ya lo has oído mil veces y lo que te rondaré, morena), Rosalía le para los pies: «Keep it cute, manito», hazlo bonito, «que aquí el mejor artista es Dios».

CUUUUuuuuuute

Despechá

«Hay muchas formas de estar Despechá», posteaba Rosalía el 28 de julio de 2022 para promocionar el lanzamiento de la que sería su canción más exitosa hasta la fecha, número 1 en España, Panamá y Uruguay, setenta y nueve semanas en la lista de canciones más escuchadas en España, doce en el Billboard Hot 100™ norteamericano, once discos de platino, más de 1.000 millones de *streams* en Spotify y más de 500 millones en YouTube. La canción relata una experiencia del desengaño amoroso «desde la locura y la libertad, sin reservas ni arrepentimiento», un *mood* gozoso lejos de la tristeza subyacente de canciones de despecho como *Candy* y *Dolerme*. Y este espacio de locura es el club, la disco de la que Rosalía sale *coroná'*. Es en la discoteca como espacio de libertad donde las clases trabajadoras han podido evadirse de rutinas alienantes en escenas tan distintas como la disco en Estados Unidos y el *northern* soul en el Reino Unido en la década de 1970, o el *gabber* en Países Bajos, la *mákina* en Catalunya y el *bakalao* en Valencia en la década de 1990. Y es en la discoteca donde colectivos LGTBIQ+ oprimidos han podido expresarse en la clandestinidad, y donde florecieron la música *house* y la cultura *ball* en Estados Unidos. En *Despechá* el club es un sitio donde disfrutar de la amistad, «con toa' mis motomami', con toda' mis gyale'», donde olvidarse de los males de amor y militar en el abajo el trabajo («Fuck la fama, fuck la faena»). *Despechá* es también un homenaje explícito a la música de la República Dominicana que tanto influencia *Motomami* (el *single* se añadió a la versión extendida del álbum, *Motomami+*), tanto en forma —un mambo dominicano, variante del merengue— como en el fondo, con menciones a los artistas dominicanos Fefita La Grande y Omega. De Barcelona pa' Santo Domingo, la Rosalía.

La discoteca como espacio de libertad donde las clases trabajadoras han podido evadirse de rutinas alienantes.

d

de Dinamita

La D es de dinamita según *Abcdefg*, un explosivo que Rosalía también menciona en *TKN* («Mi mando está duro, dinamita»), su colaboración con Travis Scott publicada como *single* en mayo de 2020, en la fase de desescalada del confinamiento por la pandemia del COVID-19. La canción hace alusiones a la iconografía de la mafia (cosas de familia, capos, secretos, omertá) y de las bandas criminales en general. Pero se asume —el significado de las tres letras del título es ambiguo: «Cada uno ve lo que quiere ver», decía en un contenido en *PlayGround*— que *TKN*, que en el estribillo Rosalía y Scott pronuncian *Tekken*, hace referencia al videojuego japonés de ese nombre, quizá de ahí la mención al «mando», además de que el juego tiene un movimiento llamado *Dynamite Heel* («talón de dinamita»). Para encontrar una imagen de fuego destructor como el que sugiere un explosivo tenemos que irnos hasta la balada que cierra *Motomami*, *Sakura*. Pero allí el fuego tiene la doble función destructiva y purificadora: «Y el fuego es bonito porque todo lo rompe».

DIO

El Dios cristiano lleva revelándose en el cancionero de Rosalía desde *Los Ángeles*. El juez del pantocrátor («Solo Dios pue' juzgarme», *A ningún hombre*), el todopoderoso («Si Dios te lo da, te lo quitará», *Diablo*), el que desafía el libre albedrío («Qué pena cuando quieres algo pero Dios tiene otros planes pa' ti», *Como un G*), el que condena («Prendadita de sus males que Dios tendrá que cobrarle», *Bagdad*). Pero también el Dios que bendice —a Niña Pastori y José Mercé en *Bulerías*, al difunto diseñador Gianni Versace en la *Combi* que lleva su apellido, a la misma Rosalía y sus gyales en *Aute Cuture* («Que el de arriba nos ha señalado. Bless»)—. El que se invoca como protección, casi como un hechizo («Que Dios me libre de volver a tu lado», *Despechá*; «Dios nos libre del dinero», como parte de

OS

Fucking Money Man), en el testamento con que termina *Catalina*, o el Undivé gitano en *Malamente*, «aunque no esté bonita la noche», como en el *Undebel* de Diego El Cigala en su bonita mañana, Dios mío. Pese a la referencia pagana en *Beso* («Y baila como sé que se movería un dios al bailar»), en *Motomami* Rosalía se santigua como creyente, con referencias a la *pole position* de Dios en su vida, una por boca de su abuela en el audio en catalán que cierra *G3 N15* («Diria que en primer lloc sempre és Déu, i després la família») y otra en la algo blasfema *Hentai*: «Segundo es chingarte, lo primero es Dios». Como canta en *Saoko*, lo que reza el bordado de su Ford Raptor: «Yo manejo, Dios me guía». Rosalía conduce su vida con libertad y arbitrio, «pero Dios es siempre la referencia», afirmó en 2022 a Genius.

e de Emperatriz

Elvis Presley fue el rey del *rock and roll*, Michael Jackson el del pop, y Daddy Yankee el del reguetón. A Beyoncé se la conoce como Queen B, la reina del soul es Aretha Franklin, la reina del pop es Madonna, y seguramente Rosalía se sabe la canción con ese título de La Oreja de Van Gogh. El título de princesa del pop se ha atribuido en distintas generaciones a Kylie Minogue, Britney Spears y Ariana Grande, y la tiara del R&B a la malograda Aaliyah. ¿Pero y el de emperatriz, título nobiliario que Rosalía identifica con la E en *Abcdefg*? A Bessie Smith se la conoció como emperatriz del *blues*, y a Gladys Knight se la conoce como la del soul. En esta concepción de la música pop como realeza, ¿se ganará Rosalía un título nobiliario simbólico, o no hay suficientes coronas para tantas cabezas en la industria discográfica global? «Es el imperio el que destruye. La emperatriz que lo construye», canta en *Aislamiento*.

Enterada

La E es también de enterada en *Abcdefg*, una palabra que identifica tanto a una persona entendida como a una sabelotodo. Rosalía, con su curiosidad y sed de conocimiento, tiene pinta de ser las dos cosas: una experta en lo suyo, en el amplio abanico de ámbitos que podríamos incluir en *lo suyo*, y una listilla que debe haber tenido que chapar muchas bocas hasta que se la empezó a tomar en serio. ¿Qué puede ser si no una artista en el siglo XXI? O se es un activo por parte de una corporación, o se es la CEO del proyecto artístico que se encabeza y se lidera, al frente de un equipo de personas para abarcar todas las disciplinas que aúna. Un artista ya no se identifica con el ideal romántico del ser tocado por las musas. Un artista es más como el emoji de la sonrisa repelente enseñando los incisivos y las gafas.

Ahora un artista es como el emoji de la sonrisa repelente enseñando los incisivos y las gafas.

«¿Te sientes igual de cómoda en un tablao que en el escenario del Primavera Sound?», le preguntaban en *S Moda* en octubre de 2016. «Sí, al fin y al cabo es actuar y actuar es la parte que más me gusta de mi trabajo —respondía—. Un escenario siempre es un escenario.» Y es su hábitat natural desde que debutó con catorce años en el polideportivo de Sant Esteve Sesrovires en un festival de fin de curso, como relataba *El País* en 2019. Lluís Cabrera, fundador del Taller de Músics donde estudió Vila Tobella, recuerda cómo, mientras se formaba, buscaba bolos sin parar para ganar tablas: en el casino de su pueblo, en el circuito de pequeñas salas de conciertos de Barcelona, en los tablaos… y de ahí a los teatros, los festivales y los estadios. «Hace muchos años que decidí darle al escenario la misma importancia que le he dado a la investigación, la transcripción de cantes o todo lo que tenga que ver con la música y no sea interpretación», decía ya en 2016 a Jenesaispop. Un escenario siempre es un escenario.

Escenario

España

«La catalana es la artista española que suma más números 1 en España, y la cuarta que acumula más grammys.»

La catalana es la artista española que suma más números 1 en España, y la cuarta que acumula más grammys después del tenor Plácido Domingo (siete premios y treinta y una nominaciones de los que las acusaciones de acoso sexual y abuso de poder no le han privado), la pianista Alicia de Larrocha (cuatro premios y catorce nominaciones) y el cantautor Alejandro Sanz (cuatro premios y seis nominaciones). Rosalía se dio a conocer cantando flamenco y se puso a España por montera en videoclips de *El Mal Querer* como *Malamente* (capote y bordado de banderillas taurinos, nazareno de Semana Santa y camiseta de Camarón de la Isla), *Pienso en tu mirá* (*souvenir* de sevillana, taconeo flamenco, colonia Varon Dandy, figurita de Lladró y Anís del Mono) y *De aquí no sales* (molinos de Don Quijote y palmas). No es casualidad que en la gira de presentación del álbum vistiese las firmas españolas Palomo Spain (obvio) y Dominnico, caracterizadas por traer los faralaes al siglo XXI. También en el de *Despechá* evoca tópicos del *typical Spanish* en su versión de brutalismo playero (mesa de *camping*, mejillones, jamón serrano, sombrilla, radiocasete, oros, copas, espadas y bastos). Pero el retroceso de la influencia flamenca a favor de las músicas caribeñas en *Motomami* ha implicado que Rosalía ya no esté a la sombra del toro de Osborne.

ESTILO

El estilo distingue a un artista de otro. Pero también identifica la tendencia de una época, un género artístico o una persona (yo me transformo). Entendido como el gusto, la elegancia o distinción de alguien o algo, Rosalía dice: «Fuck el estilo, fuck el stylist (Saoko, papi, saoko)», y lo canta en un desfile de Louis Vuitton. «A ver, quiero aclarar una cosa —se explicaba en Genius—. Yo he colaborado con estilistas y les quiero mucho, de verdad, pero muchas veces una tiene que vestirse a una misma y sacar un *lookazo* igualmente, ¿verdad?» Dilo. «Tengo que buscarme la manera porque es lo que hay y entonces yo me hago mi *lookazo*. Me voy a poner lo que sea que yo lo defiendo.» Rosalía se ha divertido desafiando las convenciones de lo distinguido, mezclando alta y baja cultura («Sonando en la' peñas y los Hamptons, sangría y Valentino en el Palace y en el chino», *Aute cuture*) y combinando tradición y modernidad («Chándal, oro, sellos y mantilla», *A palé*). También favoreciendo estéticas que se alejan del mal llamado buen gusto: *looks* de inspiración quinqui o *motard*, látex y plataformas del uniforme del trabajo sexual, uñas que demuestran que no hay que fregar ni un plato, el *street style* de Harajuku, con estampados que recuerdan al manga o la cara de Aphex Twin o Kate Moss en una falda, manchas de carmín, aunque sea de marca («Te dejo Saint Laurent en la mejilla»). Un *melting pot* estilístico que se corresponde con su filosofía como música: «Tela y tijera', y ya, cógela y córtala». Y que ha marcado tendencia y creado escuela, por decirlo de una manera fina: «To' lo que me invento me lo trillan» (*A palé*).

éxito

La definición fácil del éxito es alcanzar popularidad y riqueza, grandes cifras de ventas, de consumos en plataformas, de *followers* en redes sociales, de premios y reconocimientos. Once números 1, dos grammys, once grammys latinos, cuatro MTV Video Music Awards, más de 30 millones de dólares facturados por el Motomami World Tour ante un público de 440.000 personas, casi 10.000 millones de escuchas en Spotify y más de 5.000 visionados en YouTube, más de 376 millones de seguidores en TikTok y más de 28 en Instagram. Pero basta con conseguir los resultados deseados o esperados para considerar que se tiene éxito: es subjetivo y depende de la ambición. El relato alrededor de Rosalía dice que desde los inicios tenía entre ceja y ceja alcanzar el reconocimiento, una obsesión sobre la que canta en *La fama* y en su versión del bolero *Delirio de grandeza*, las dos incluidas en *Motomami*. «La determinación o el tesón es muy importante, tener un objetivo. Pero tu *let go* [dejarte ir] también es muy importante, tener confianza», decía en la promoción de este álbum en México. «Cuanta más fe tengo, mejor siempre sale todo. Y creo que si de corazón realmente se cree en algo, solo por eso ya estás haciendo un llamado y las cosas vienen. Vienen si tú dejas que vengan sin forzar. Desde la determinación, desde el tesón, desde el foco, desde el saber: OK, yo tengo una ilusión de hacer esto, tengo un plan de hacer lo otro. Está muy bien y es importante. Pero a la vez, el dejar ir.»

Expen$iva

Del inglés *expensive*, algo que vale mucho dinero, referido a cosas caras, como las que Rosalía lista cual símbolo de estatus en canciones como *Milionària* o *TKN*: un coche Lamborghini o un Bentley (o dos), un reloj Hublot Big Bang Caviar, un Longines DolceVita o un Audemars Piguet (o dos), diamantes sin impurezas... En argot, aplicado no a algo sino a alguien, una persona expensiva es alguien con valor, entendido como atractivo físico, estilo, carisma. Con el *spanglish* marca de la casa Rosalía lo usa en *Abcdefg* como forma de autoafirmación: si en la cultura *gangsta* que impregna el *hip-hop mainstream* el valor de una persona lo determina el coste de las joyas, la ropa y el coche que se poseen y que se enumeran rapeando, ¿qué mayor muestra de ostentación que atribuir ese coste elevado a la misma persona?

Extrarradio

El extrarradio es la periferia, a las afueras de la ciudad. Es en la ciudad donde pasan las cosas; en los suburbios hay que matar el tiempo para no aburrirse. En oposición al núcleo urbano abarrotado de edificios y de planes, en los suburbios hay espacio y tiempo en el no-lugar que son los polígonos industriales, grandes superficies para aparcar habitados por camiones, transpalés y furgonetas de día, de noche reconvertidos en territorio de *parkineo* y caballito de moto a ritmo de *subwoofer*. «Yo he crecido en un pueblo que se llama Sant Esteve Sesrovires, que está en el Baix Llobregat —contaba Rosalía a propósito de *El Mal Querer*—. Por donde quieras entrar del pueblo hay polígonos industriales, y la verdad es que los camiones, y muchos de los elementos visuales que aparecen en los vídeos de *Malamente* y *Pienso en tu mirá* que ha hecho CANADA tienen que ver con eso, con todas esas referencias con las que he crecido.» El título de *A palé* es también una referencia a este universo poligonero de palés y transporte de mercaderías, decía la nota de prensa del lanzamiento del *single* (aunque diversas fuentes la vinculan con el término romaní apalá/apales/apalal, que en castellano significa «detrás»). «Chándal, oro, sellos y mantilla», canta Rosalía en la canción, porque en el extrarradio se llevaba chándal antes que se le llamara *athleisure*, y camiseta imperio antes que se le llamase *tank top*.

F de Fama

Cuenta Rosalía que se dio cuenta de que era famosa una noche en la que al salir del estudio a las tres de la mañana en Barcelona, intentando bajar una persiana metálica pesadísima, se encontró un *paparazzi* esperándola. Su relación ambivalente con la popularidad está presente en varias de las canciones de *Motomami*, siendo uno de los temas del álbum la gestión del estatus de celebridad que el éxito conlleva. Empezando por *La fama*, primer *single* del disco y una colaboración con The Weeknd, ojo, el artista más streameado del mundo. La protagonista de esta bachata narra cómo su obsesión por conseguir triunfar en la música («miles de canciones en mi mente») le cuesta la relación romántica que mantiene con un hombre (no sabemos si porque ella prioriza sus aspiraciones o porque el bebé en cuestión le tiene envidia), pese a cantar que mejor no anteponer la notoriedad respecto el amor porque «es mala amante la fama, no va a quererte de verdad». Rosalía explicó en 2022 que quería escribir una canción sobre la volatilidad de la celebridad («Es demasiado traicionera, y como ella viene, se te va»), advirtiendo que se puede flirtear con la popularidad, pero no tomársela en serio («Si quiero, duermo con ella, pero nunca me la voy a casar»). «Hay gente que lo puede desear mucho. En mi caso, siempre he sentido que me importaba más la honestidad en el estudio y mantenerme fiel a mi manera de hacer música que algo como la fama, que al final es una consecuencia de estar expuesto.» «Yo no baso mi felicidad ni mi valía en estas cosas —continúa—. Y aparte de mi familia, que me llena el corazón, todas las demás cosas vienen y van.» Pero en *Chicken Teriyaki* se admite que el éxito y la pérdida de anonimato que comporta es literalmente un precio módico a pagar en relación a los beneficios que conlleva («Y sí, la fama e' una condena, pero dime otra que te pague la cena»). Entre las referencias más oscuras a la celebridad está la de *Diablo*, donde se asocia con una transformación en este caso con trasfondo negativo: «La que sale por TV no es la que yo conocí», la increpa el corifeo. A lo que Rosalía replica: «De la noche a la mañana, no es que yo cambié. De la noche a la mañana, mi vida se me fue». Y la descripción de la huida de unos *paparazzi* en *Aislamiento*: «De golpe diez flash y el cora acelera'o... Cuando I pull up las cámaras shooting like pa-pa-pa-pa».

Rosalía explicó en 2022 que quería escribir una canción sobre la volatilidad de la celebridad.

Flamenco/a

Aunque su primera exposición a Antonio Molina y Lola Flores fuera viendo *Cine de Barrio* con su abuela en la tele, el mito fundacional de Rosalía cuenta que su *crush* con el flamenco, forma cultural andaluza vinculada al pueblo gitano, Patrimonio Cultural Inmaterial de la Humanidad, se produce cuando en 2006, a los trece años, se ve expuesta por casualidad a la voz del cantaor Camarón de la Isla en una especie de combate entre coches tuneados a ver a quién le petan más los graves. Entre tema y tema de reguetón y *trap*, se cuela un cante de la voz de *La leyenda del tiempo*, y la joven Rosalia Vila tiene una revelación: «Nunca había escuchado una voz tan visceral y animal —contaba a *Vogue* en 2018—. Fue la expresión más pura que había oído en mi vida, tenía que investigar qué había detrás.» «En mi casa nunca se había escuchado flamenco, pero me gustó tanto que decidí ser cantaora. El enamoramiento fue máximo: cuanto más jondo, más me gustaba. Después descubrí la Niña de los Peines y cosas más antiguas», me contó en 2016, cuando estudiaba quinto curso del grado en la Escuela Superior de Música de Catalunya. Pero como canta en *Sakura*. «Que si estoy en esto es para romper. Y si me rompo con esto, pues me romperé», Rosalía abordó el flamenco no desde el purismo sino desde la heterodoxia. «La experimentación debe coexistir con una actitud conservadora, de preservar; es la forma por la que hoy todavía tenemos la tradición. Entre los que removieron hubo (Enrique) Morente, el Lebrijano, que no se reivindica lo suficiente, Camarón... gente que llevó el flamenco hacia donde está a día de hoy.» *Flamenca* es también el nombre de la novela medieval (y de su protagonista) en la que Rosalía se inspiró para componer *El Mal Querer*. Una dama de Flandes —se la llama con su gentilicio, sin ningún vínculo con el arte gitano— cuyo marido noble la encierra en una torre motivado por los celos, y que logra recuperar la libertad gracias a su agencia, en una versión novelada de los tópicos del amor cortés. Quien puso a Rosalía sobre la pista del libro fue el artista y comisario Pedro G. Romero, director artístico del bailaor Israel Galván, que se interesó por ella en 2016 cuando le llegó que una chica de veintidós años tenía intención de grabar una antología de la Niña de los Peines.

Es 2007 y Rosalía tiene quince años. Ya ha descubierto el flamenco y tiene la convicción de que quiere dedicar su vida a la música. Salto hacia adelante, que es lo que significa *flash-forward* cuando este recurso se usa en el cine. ¿Qué le diría la Rosalía del futuro, la que llena estadios en *world tours* y acumula millones de reproducciones de sus canciones? «Yo le diría que es una motomami, pero que aún no lo sabe, que todo va a ir bien y que esté tranquila. Que siga cantando, que siga bailando, que siga tocando el piano y la guitarra, que siga teniendo la misma fe, sin prisa, con paciencia.» La clarividencia distingue a artistas capaces de ver más allá del presente, de avanzarse a las tendencias, de cambiar los gustos. Rosalía es una de estas artistas con el talento para modificar la realidad a partir de su visión. Como una Casandra a quien Apolo ha retirado la condena de que nadie crea sus profecías. «Voy a reírme cuando tenga ochenta y mire pa' atrás», vaticina en *Sakura*.

Flash-forward

Frontear

Cuando en la bisagra entre la década de 1980 y la década de 1990 el *gangsta* rap de la Costa Oeste estadounidense le ganó la partida al rap político de Nueva York, la estética que se impuso masivamente como estándar de la llamada música urbana fue la del tío que farda: de su talento, su *flow* rapeando; de su autenticidad, sus credenciales de calle; de su dinero y todo lo que puede comprar, oro, relojes, coches, mujeres, todo lo que adorna sus videoclips. Esta actitud de fanfarronería y ostentación individualista que se impone al uso del rap como vehículo de protesta con vocación de empujar el cambio social se continúa arrastrando en la música urbana hoy en todo el mundo, y en Puerto Rico —junto a Santo Domingo el foco difusor de la influencia caribeña en *Motomami*— ejercerla se denomina frontear. «Si tienes sesenta y te endiablas cuando una mujer frontea es que no has aprendido nada, es que tienes un problema», tuiteaba Rosalía en julio de 2022 estas barras de *Sakura*, que reclaman la arrogancia del rap también para unas mujeres que ya no se conforman con estar en la lista de posesiones de un «gangsta gangsta» que las pimpee.

Fucking

Las barras sobre el dinero y las posesiones materiales son otro de los clichés del *urban*, y Rosalía no se queda al margen. «Todo el mundo quiere fortuna, dinero y libertad», canta en *Chiri*, y si hay alguien que aquí se oponga, que no levante la voz. La dependencia económica y lo material como yugo se intuyen en las sombras de la relación de pareja abusiva que dibuja *El Mal Querer*: la novia va al altar «coronada de brillantes hechas con perlas y oro» en *Que no salga la luna (Cap. 2: Boda)*, y en el *ad lib* de Rosalía en la canción se escenifica la compra de una joya con diamantes; mientras que el marido que la encierra y la trata como una posesión está celoso «del oro que te viste por amarrarse a tu cuello» en *Pienso en tu mirá (Cap. 3: Celos)*. El dinero es el protagonista del díptico *Fucking money man*, publicado en el verano de 2019 y que incluía dos *singles*. En *Milionària*, la incursión de Rosalía en la rumba catalana (cantada en su lengua materna), bascula entre la tradición de la ostentación de riqueza del *hip-hop* y la manifestación (en el sentido de invocar): la enumeración de relojes de lujo (Audemars Piguet, Hublot Caviar), como si fuera una canción de los Migos, no es tanto una realidad como un *wishful thinking*, un deseo expresado en el uso del condicional («I el que voldria és tenir»). Mientras que a *Dio$ no$ libre del dinero* no le hacen falta los símbolos del dólar en el título para entender que el ruego es irónico, aludiendo a los efectos negativos del vil

money man

El oro es omnipresente también en el sentido más clásico de ostentación.

metal («Es más fácil que un camello pase por el ojo de una aguja que un rico entre en el reino de los cielos», Mateo 19), y a los tópicos de la pobreza y la riqueza en el cristianismo, un imaginario católico muy enraizado a la tradición española y muy presente en los dos primeros álbumes de Rosalía. El oro es omnipresente también en el sentido más clásico de ostentación. de estatus en su obra posterior: «Chándal, oro, sellos y mantilla. Restos de caviar en la vajilla» (*A palé*), «Voy cargá de oro, espérame senta'o» (*Aute cuture*). Y *Chiken Teriyaki* es un relato de un dispendio gozoso («En Nueva York visitando a mi joyero, solo quiere cash, yo le doy mi dinero»; «Quiero una cadena que me arruine toa la cuenta como Julio en la década de 1970, Naomi en la década de 1990») para el que Rosalía necesita «un billete, dos billetes, una tienda de billetes». Pero vuelve a tener connotaciones negativas en *Delirio de grandeza*, donde el sujeto cantante es víctima de la ambición de su amada («El oro pudo más que mi dolor, no tuviste compasión de mi agonía»), y en *Diablo*, donde se opone la avaricia a ser leal («Guita por los suelos, nada les importa si corren ceros. Yo mi lealtad nunca la pierdo, ni por el dinero»).

(Como un) G

La G de *Como un G* es de gánster. Traducción del argot estadounidense «*like a G*», hacer las cosas como un G es hacerlo con actitud de *badass*, de malote, como el *leader of the pack* de la canción de The Shangri-Las, el líder de la banda que vive sin miedo porque no tiene nada que perder. «Como un G de verdad, sin guardaespaldas voy por ahí. Que yo mato por ti (jura'o, como un G)», canta Rosalía, aludiendo a la peligrosidad y a la mortalidad por *beefs* entre bandas rivales, el suelo en el que crece el *gangsta* rap, guerras territoriales trasladadas a la rivalidad musical, como las que resultaron en los asesinatos de los raperos Tupac Shakur y The Notorious B.I.G. a finales de la década de 1990, como el que enfrontó a Kendrick Lamar y Drake en 2024. El uso de la palabra deriva de *Gangsta Gangsta*, canción de *Straight Outta Compton* (1988), el debut de N.W.A (Niggaz Wit Attitudes), *crew* de la que surgieron iconos como Dr. Dre, Ice Cube y Eazy-E, y que instaló los tópicos del gansterismo en la cultura *hip-hop*. «*Life ain't nothin' but bitches and money*», cantaban desde el mismo suburbio de Los Ángeles con alto índice de criminalidad y pobreza donde en esos mismos años nacería Kendrick Lamar. El rapero como un delincuente que trafica con drogas, trata y maltrata mujeres —a quien llama putas—, farda de su dinero (y de su *flow*) y lleva pistola, alguien que no cree en la cultura del esfuerzo sino en el crimen como medio para ascender socialmente pese a haber nacido en el gueto: «*It's not about a salary, it's all about reality*», coreaba MC Ren.

G3 N15

Lo que parecen unas coordenadas en el centro de *Motomami* es el nombre del sobrino de Rosalía, Genís, codificado como numerónimo o en la escritura *leet* propia de internet en la que las letras se sustituyen por un equivalente numérico que se le parece visualmente. Es otra de las canciones del álbum que, como *La fama* o *Delirio de grandeza*, reflexiona sobre los aspectos amargos que conlleva el éxito, en este caso la separación de los seres queridos, con el foco en la figura del hijo de su hermana Pili. Un adulto apenas varía en dos años, pero durante la infancia en este tiempo pueden producirse muchos cambios físicos y psíquicos, que pueden llevarnos casi a no reconocer a la persona. Aunque Rosalía use como recurso aludir la parte por el todo, cantarle a su sobrino como muestra de añoranza por estar lejos de su familia —amplificada por la separación forzosa durante el confinamiento por la pandemia del COVID-19—, el audio de su abuela al final de la canción lo explicita: «Siempre es la familia en primer lugar —dice, y después se corrige—. No, diría que en primer lugar siempre es Dios, y después la familia». Una importancia de la familia en su vida que Rosalía, que cuenta con su madre y su hermana en el núcleo de su equipo, ha dejado clara en entrevistas, en posts en redes sociales y también en su música. «Yo lloraba cuando la escuchaba, estábamos en medio de la pandemia y me mandaba audios, nos mandaba audios a la familia —contó a Los40 en marzo de 2022—. Y uno de ellos fue ese, me lo guardé como si fuera una joya. Yo pensaba: "Ella no sabe que yo estoy pasando por todo esto ahora, intentar tirar adelante este proyecto mientras estoy lejos". Y ella no sabía que a mí me dio la vida en ese momento, y decidí ponerlo en el disco.» No es casualidad que entre los veinte mandamientos de una motomami fuera ya el segundo el que aludía a la importancia de la familia: «Una motomami es leal con los suyos porque ser leal es un *flex*». La lealtad a la familia, sea la consanguínea o la elegida, como valor máximo.

Gra

Los Premios Grammy son el máximo reconocimiento de la industria discográfica estadounidense. Se entregan desde 1959, cuando los gramófonos a los que alude su nombre —los aparatos que se usaban para escuchar música grabada en discos—, ya no tenían el altavoz en forma de cornucopia que incorpora el trofeo que reciben los ganadores. Por la hegemonía cultural de Estados Unidos en la música global, los Grammy son los premios musicales más prestigiosos del planeta, el máximo hito para alguien que se dedica a la música, haya nacido en Los Ángeles, como los mismos premios, o en Sant Esteve Sesrovires, como Rosalía. En las sesenta y seis ediciones de los Grammy que se han entregado hasta 2024, la catalana ha sumado dos galardones, en 2020 por *El Mal Querer* y en 2023 por *Motomami*, en los dos casos como mejor álbum

mmy

latino de rock o de música alternativa, una categoría instaurada en 1998 y que han ganado también Maná (1999, 2003, 2007), Calle 13 (2010, 2015), Juanes (2022, 2024), Shakira (2006) y Natalia Lafourcade (2024). También recibió nominaciones como mejor nueva artista en 2020, convirtiéndose en la primera artista que canta en castellano nominada en esta categoría (el Grammy se lo llevó Billie Eilish, con quien colaboraría en 2021 en el *single Lo vas a olvidar*), y en 2023 por la presentación en vivo de *Motomami* en TikTok en la categoría de mejor vídeo musical, que premia conciertos o actuaciones filmados y documentales musicales, y que se llevó el docu *Jazz Fest: A New Orleans Story* (2022). En las veintitrés ediciones de los Latin Grammy celebradas hasta 2024, Rosalía ha conseguido once premios y veintitrés nominaciones.

G

de Guapa

La G es de guapa en *Abcdefg*, el adjetivo más básico, directo y claro para describir el atractivo físico de una mujer —tanto en castellano como en catalán—, sencillo, honesto y sin sexualización (al menos no demasiada). Por triplicado en el pasodoble *Tres veces guapa*, cantado por Jorge Sepúlveda, sencillo más vendido en España en 1950, decir guapa es tan español como el brandi con el toro de Osborne en la mesa de *camping* en el vídeo de *Malamente*, el piropo por excelencia con el que celebrar el talento de las folklóricas, las popstars de la aislada España franquista, las divas de la copla, música popular ibérica heredera de la zarzuela y el cuplé que reinó en las listas de ventas durante la segunda mitad del siglo XX: Concha Piquer (que cantó *¡La guapa, guapa!* en 1959); Lola Flores, la faraona, heroína de Rosalía en su faceta de cantaora; Rocío Jurado, Isabel Pantoja y tantas otras. Guapa es un grito que brota sincero del pecho inflamado por el arte y que, a falta de vocabulario y de una tradición no patriarcal que no asuma la belleza como el mejor atributo de una mujer, transmite la pasión que una artista hace sentir al público con su interpretación. «Mi prioridad siempre es proyectar la imagen de una mujer fuerte. Y cuando trabajo en los montajes de los vídeos, siempre priorizo la actitud y la fuerza antes que salir guapa en un plano», decía a *Billboard* en 2019.

Guapa es un grito que brota sincero del pecho inflamado por el arte.

En el idioma patois, la lengua mestiza que se habla en Jamaica y la diáspora caribeña, basada en el inglés pero con influencias de distintas lenguas (entre ellas el español), una *gyal* —derivado de *girl*— es una chica, como sabe cualquier fan de Bad Gyal (o de Rihanna). El reguetón, también de origen caribeño, igual que partió del *dancehall* jamaicano y lo mezcló con el *hip-hop* estadounidense y con ritmos latinos, cogió prestado el término y convirtió a las chicas que perrean hasta el suelo en yales: Daddy Yankee cantó a *Todas la yales* en una de las seminales compilaciones de DJ Playero, el llamado padre del reguetón (*Playero 41: Past, Present & Future. Part 1*, 1998). Cuando en *Despechá* Rosalía decide que esta noche se sale con todas sus motomamis y todas sus gyales se refiere a sus amigas. Pero son gyales que esa noche perrean solas: «Porque yo soy la que mando, soy la que decide cuando vamos al mambo», canta Ivy Queen en *Quiero bailar* (2003). Además de su BFF, su hermana Pili, Rosalía ha contado entre sus gyales a celebrities como Kylie Jenner, Dua Lipa, La Zowi y Hunter Schafer —las amigas que se besan son la mejor compañía—, a las que se les suman colaboradoras artísticas como Arca, Tokischa, Billie Eilish y Björk. «Me encantaría colaborar con otras productoras, y estar en el estudio con más mujeres —manifestaba en 2018 en *Shangay*—. Mi ilusión es que cada vez seamos más las mujeres productoras, compositoras y las que desempeñan todo tipo de tareas en el estudio que por tradición siempre han hecho hombres. Es muy necesario no solo que el número crezca, [sino] también que el crédito que se les dé sea mayor.» Dilo.

Gyales

Hackeado

Cuando Rosalía canta en *Despechá* «bajé con un flow nuevo de caja, baby, hackeá», te la imaginas con el subidón de haberse sacado un *beat* para llevárselo al estudio. Además de intérprete y compositora, Rosalía es también productora de su música, y así aparece en los créditos de sus canciones. «Creo que es muy importante reivindicar a las mujeres que producen. Yo compongo y produzco. Es muy importante para mí que las cosas suenen a aquello que tengo en la cabeza», decía cuando avanzó el título de *El Mal Querer* en 2018. «Siempre estoy encima de mis producciones porque el diseño de sonido lo es todo para mí», explicaba a *Billboard* en 2019. «Me siento agradecida de que se visibilice que mi trabajo no solo es el de intérprete: que soy músico, compongo, produzco... Claro que lo hago en colaboración con más gente, pero es que eso hace que tu proyecto llegue más lejos. Pero no puede ser que nos eclipsen siempre los hombres, por eso hay que seguir trabajando. ¿Cuánta gente sabe que Björk es productora ejecutiva de sus trabajos o que Lauryn Hill es *producer* de sus discos? ¿Cuándo se visibiliza a las compositoras que están detrás de los *hits* de los mayores artistas pop?», demandaba en *Shangay* en 2018.

Rosalía reclamó más presencia de mujeres en la industria musical cuando recogió el premio Rising Star a la nueva estrella más prometedora en la edición de 2019 del evento Women in Music de la revista estadounidense *Billboard*. «Cuando tenía quince o dieciséis años empecé a ir al estudio y mis mayores inspiraciones eran mujeres, como Lola Flores de España, Janis Joplin o Patti Smith. Recuerdo que cuando iba al estudio me decía: "Vale, el ingeniero es un hombre y el productor también". Y yo estaba en la universidad, estudiando música, y todos los músicos eran hombres también. Y nunca pararé hasta que encuentre y vea el mismo número de mujeres que de hombres en el estudio. Punto, tan simple como eso.» En 2023 sería la primera artista en recibir el premio productora del año de los Women in Music Awards de *Billboard*. Que esta categoría se estrenase ese año dice mucho de la invisibilización del rol de las mujeres en la producción musical, pero también que se empieza a reconocer. Al recogerlo, Rosalía mencionó a pioneras como Sylvia Moy, Björk y Missy Elliott, y dedicó el premio a todas las mujeres productoras del futuro, «porque ni soy la primera ni seré la última».

Hentai

«A una motomami le gusta la leche», decía el cuarto de los veinte tuits-mandamientos que precedieron la salida del álbum, acompañado de los emojis del vaso de leche y del mono que se cubre la boca como si lo que hubiera dicho fuera una travesura. Es una referencia a *Hentai*, una de las canciones más sexualmente explícitas que ha cantado Rosalía, en la que montar nata se usa como metáfora del sexo. El *hentai* es el género pornográfico del manga y el *anime*, el cómic y la animación japoneses, y que Rosalía lo evoque en una canción erótica tiene que ver con su voluntad de insinuar antes que mostrar. «Para mí es mucho más erótico lo que es sugerente que lo que es explícito —resolvía Rosalía el significado de la canción en Genius—. El *hentai*, solo por el formato en sí, que es un dibujo, es mucho más sugerente que el porno convencional.» Como el manga pornográfico, la canción tiene una forma que conecta con lo infantil —una balada inspirada en las bandas sonoras de las películas de Walt Disney— y un contenido solo para adultos —montar una bicicleta como metáfora del coito, olas que se rompen como símil del orgasmo, el pene erecto como una pistola—. Pero pese a su vocación explícita, *Hentai* no incluye barras tan obvias como la de C. Tangana en *Antes de morirme* («Antes de que muera yo pienso follarte hasta borrar el límite entre los dos») o la de Rauw Alejandro en *Beso* («Si me baila, me lo da todo. / Ya estamos solos y se quita todo»). Solo en *Di mi nombre*, subtitulada precisamente *Cap. 8: Éxtasis*, había cantado Rosalía antes al sexo de manera evidente, describiendo una relación sexual («Pon tu cuerpo contra el mío / y átame con tu cabello a la esquina de tu cama») en la que se pide a la persona amante que pronuncie su nombre al llegar al orgasmo («Y en el último momento dime mi nombre a la cara»).

h de Hondura

La H es de hondura en *Abcdefg* y es así como Rosalía dice cantar en *Con altura* el *dembow*, el ritmo de origen jamaicano que hace botar el reguetón. La hondura es la profundidad de algo, y cantar con hondura es hacerlo desde bien adentro. «Y, aunque no tenga dinero, no tenga a nadie, yo voy a seguir cantando porque me nace», advierte en *Bulerías*, antes de identificarse con *La Niña de Fuego*, canción del cantaor Manolo Caracol, y de usar el autotune. Es de la hondura de donde emerge el cante jondo (u hondo), el cante primitivo andaluz y el lamento flamenco más intenso y emocionado, el quejío que brota de lo más profundo del alma, por martinetes, seguiriyas, soleás o tangos flamencos, los palos de los cantes grandes que se usan para cantarle a la soledad, el dolor y la muerte. Nuestro final trágico inevitable, la muerte, es el hilo conductor de los cantes que Rosalía recuperó en *Los Ángeles* (2017). Pero la Rosi lo mismo te lo canta «como Canelita, por rumba que por tanguillo». Olé.

I de Inteligencia artificial

En abril de 2023 una canción llamada *Heart on my sleeve* se viralizó hasta quedarse a las puertas de la lista de las más streameadas cuando la retiraron de las plataformas. El motivo es que la supuesta colaboración entre Drake y The Weeknd no era real, como sí lo eran las de este último con Rosalía en el *remix* de *Blinding lights* de él o en el tema *La fama* de ella: era un *deep fake*, una falsificación con las voces de los dos cantantes clonadas con inteligencia artificial con un resultado tan profundamente convincente como las fotos del papa Francisco *swagger* con el plumas Balenciaga. La conversación que se generó en internet tomó la forma de un que viene el coco sobre el peligro que la inteligencia artificial supone para la industria de la música, así que la I sea de inteligencia artificial en *Abcdefg* (aunque *Motomami* se publicase más de un año antes de la amenaza del *deep fake* de Drake y The Weeknd) sitúa a Rosalía en el lado de las tecno-optimistas. Como Holly Herndon, que en 2021 lanzaba Holly+, su «gemela digital»: se sube un archivo de audio a holly.plus y la web lo devuelve con el clon de la voz de Herndon. O como Grimes, que en 2023 convirtió su voz en código abierto, a condición de compartir royalties con los creadores que la usaran para hacer canciones (¿tecno-optimismo o tecno-capitalismo de la ex de Elon Musk?). Como el nazareno con *skate* en el vídeo de *Malamente*, como la bulería con autotune, Rosalía hace equilibrios entre algo tan ancestral como usar la voz para expresarse y algo tan contemporáneo como usar la tecnología digital como herramienta. Tener un lenguaje propio en perpetua transformación es el instrumento más poderoso para desafiar un algoritmo que funciona generando previsiones de futuro a partir de los datos recogidos en el pasado.

IMPU

Una multinacional discográfica no se gasta el dinero en una artista por altruismo.

Muchas de las críticas dirigidas hacia Rosalía por quienes no la consideran merecedora de su éxito internacional sin precedentes para una artista nacida en España es que este reconocimiento es el mero resultado de una excelente campaña de *marketing*. «Puede haber muchas opiniones sobre qué es *marketing* —se defendía ella de estas críticas en 2019—, si ser creativo con tu trabajo y con la forma en que lo presentas es *marketing* o no.» «Yo intento cuidar mucho todos los detalles de mi música e incluso me implico en cómo se presenta y el momento en que esto se hace. Sería absurdo no hacerlo si eres una persona perfeccionista en todo lo que haces.» La música de Rosalía se ha beneficiado de la promoción y el presupuesto a los que te dan acceso haber firmado por el sello estadounidense Columbia Records, propiedad de la multinacional Sony Music. Pero como ella recuerda, el *boom* de *Malamente* llegó antes del fichaje. *Billboard* estimaba en 2019 que el impulso promocional que Columbia habría destinado a Rosalía sería equivalente al que se invierte en las superestrellas con potencial para llegar al

ULSO

gran público global, entre cinco y diez veces por encima de lo que recibe un artista que ha firmado por sus divisiones locales o latinas. En un artículo de 2019 en *Variety*, que se preguntaba en el título si Rosalía era la próxima superestrella global, se relataba la estrategia de promoción que la artista habría diseñado junto a su mánager de entonces, la estadounidense, de Miami, Rebeca León (Juanes, J Balvin), con la que trabajó entre 2017 y 2023, y Samantha Kirby Yoh, su representante en el gigante estadounidense de la contratación de artistas William Morris. «Empezamos con el festival Sónar, que la posicionó como artista de vanguardia cuando era conocida como cantaora de flamenco —relataba Kirby—. Luego, seguimos construyendo la base primero con una gira por Latinoamérica, y después hizo Coachella, pero actuó en una carpa pequeña, y le siguió la gira americana con espectáculos íntimos, para que te sintieras como si hubieras estado allí primero.» Pero una multinacional discográfica no se gasta el dinero en una artista por altruismo: lo hace como inversión de futuro, porque le estima un potencial para generarle retorno económico. El impulso que ha recibido Rosalía se lo ha ganado con talento, visión, carisma, inteligencia y trabajo.

J

de Jineta

Una jineta es una persona que cabalga, pero el caballo de Rosalía tiene ruedas y le circula gasolina por las venas. Su afición a las motos le viene por vía materna: define a su madre Pilar Tobella como la motomami OG (nombró Motomami SL a la empresa de *management* que fundó en 2019). Pero Rosalía ya había quemado rueda en diversas canciones antes de vestir casco y uñas en la portada de su tercer álbum. El acelerón y el frenazo de una moto sampleados le hacían la percusión en *De aquí no sales*, de *El Mal Querer*, y lucía estética *motard* en el videoclip de la canción. Antes la habíamos visto embistiendo a un torero sobre una alta cilindrada en el de *Malamente*. Y después, liderando una *crew* femenina de *stunt riders* practicando motociclismo acrobático con cascos con coletas y orejas de gato en el de *Saoko*.

Juqueao

Estar juqueado (o hookeado) es como le llaman en Puerto Rico a estar enganchado, un americanismo que deriva del inglés *hooked on*, con el mismo sentido de tener una adicción. «Ya estás enganchao, soy heroína. Tú estás juqueao, soy cocaína», canta Rosalía en *Chiri*, usando la dependencia química como metáfora del enamoramiento. Puede leerse como símil del vínculo que han generado con ella sus fans: «La calle está enamorá', enamorada de mí», continúa. Tener a su comunidad juqueada a su contenido en redes sociales es clave para entender la conexión de Rosalía con el público más allá de la música. «Estoy brillando con highlighter, ¿no lo ves? He subido quince stories, ¿no lo ves?», cantaba en *Brillo* de J Balvin en referencia a Instagram. Fue en Twitter (antes de que Elon Musk le cambiase el nombre) donde posteó los veinte mandamientos motomami, y en TikTok donde estrenó el álbum, lo que le valió una nominación a los Grammy. Igual que Rosalía saca tiempo para firmar discos o hacerse selfis con quien hace cola para verla —como testimonian las cuentas de fans—, también responde DMs y preguntas. Las interacciones en redes sociales, los *likes* y comentarios, hacen que el cerebro libere dopamina y se genere sensación de placer; lo mismo que sucede con las drogas con potencial adictivo. El cerebro de Rosalía no es distinto al resto (aunque pueda parecer lo contrario), y el *engagement* que recibe de sus millones de *followers* en redes le genera una recompensa. Como cantaba Rauw Alejandro en *Vampiros*, «A mi gata le gustó y ahora está juqueá».

La marca de motos japonesa se menciona en *A palé* («Mi Kawasaki va por seguiriya»), rodando grave y honda como este palo flamenco, y en *Chicken teriyaki* («Tu gata quiere maki, mi gata en Kawasaki»). Pero en redes sociales Rosalía monta una Honda CBR 1000 —la marca que luce en la gorra que lleva en la TikTok Live Performance de *Motomami*—, y las motomamis del videoclip de *Saoko* practican *freestyle* sobre motos Honda CBR 600 y Yamaha R6. En los veinte mandamientos motomami en Twitter Rosalía se prodigó con las referencias motociclistas. «A una motomami no le importa mancharse las manos cuando las pone dentro del motor para ajustarlo», decía el undécimo, aunque ojo con meter mano al motor con un largo de uñas del ocho. «Frontea con moto, protege tu mami», tuiteaba en el decimotercero: actitud sobre ruedas pero prudencia, querida conductora. También insistía en la seguridad en el siguiente: «El casco es el mejor bolso de una motomami». Pero ojo, que en el club habrá que dejarlo en el guardarropa.

Kawasaki

K

de Keep

La cultura del esfuerzo y la ética del trabajo son esenciales en el relato de Rosalía. «Yo no tuve que hacer nada que me arrepienta ni que yo lamente ahora para mantenerme en pie. Yo me maté 24/7: eso es lo que tuve que hacer», canta orgullosa en *Bulería*, defendiendo que ha sido trabajar sin descanso lo que le ha permitido llegar dónde está. La narrativa de artista currante se opone a la del genio romántico iluminado por la inspiración, tocado por las musas. Y es una retórica muy femenina de la que también hace bandera Beyoncé: el éxito como fruto no solo del talento innato, por descontado no vinculado al privilegio de la belleza, sino como resultado de una visión, sí, pero por encima de todo del costoso empeño en llevarla a cabo. En una entrevista en 2022 preguntaban a Rosalía sobre su participación a los quince años en un *talent show* (*Tú sí que vales*, Telecinco), donde fue rechazada. «Para mí fue una lección. Fue como decir: ah, que este es un oficio que voy a tener que aprender, que va a requerir humildad por mi parte. Sacrificio, aprender a escribir canciones, a tocar instrumentos para defenderme en el estudio, estudiar para estar en el escenario, tener mis tablas, practicar, trabajar muchísimo.» Y remataba: «No creo mucho en la casualidad. Creo en la causalidad», es decir, en la relación de causa-efecto entre el trabajo duro y los buenos resultados. Decía sobre *Motomami*: «Este proyecto no existiría sin sangre, sudor, lágrimas, sin el compromiso, la decisión de hace tres años que este disco iba a pasar, que yo lo iba a hacer. De haberme matado en el estudio dieciséis horas al día, durante meses y meses y meses. Sin ese esfuerzo, este disco no existiría». Este discurso no es exclusivo de la era motomami. Ya en 2016 cantaba «To'l día working, sin descansa'» (*Antes de morirme*); en 2018 advertía en *Vogue* que: «El oficio de un artista incluye un esfuerzo y sacrificio»; y en 2019, durante El Mal Querer Tour, relataba el coste de compaginarlo con el trabajo en el estudio: «Yo y mi equipo hemos estado trabajando muy duro para emprender esta gira, y para seguir teniendo momentos para grabar. Ha sido un año en que no he tenido descanso, no he tenido fines de semana». «Yo me maté 24/7: eso es lo que tuve que hacer.»

working

L de La Rosalía

Una *popstar* no necesita apellido, como saben Madonna, Beyoncé y Shakira. También lo saben Taylor, Miley o Dua, aunque han sido sus fans quienes hayan prescindido del mismo; ellas tardaron un poco más en enterarse y lo cargan en su nombre artístico. A Rosalía siempre le ha bastado con su nombre, y precedido por artículo aún reafirma más su carácter único, como las divas de la lírica (la Callas, la Caballé) y las folklóricas (la Pantoja, la Faraona, la más grande, Rocío Jurado). «La Rosalía» es también el *signature ad lib* con el que marca sus canciones. En inglés *ad lib* (del latín *ad libitum*, «a voluntad») significa de manera improvisada, sin ensayar, y en el *hip-hop* hace referencia a una onomatopeya, palabra o sintagma con las que rellenar barras o vestir temas en modo *freestyle*. Cada *rapper* tiene sus *ad libs* distintivos que le diferencian —el «It's lit» de Travis Scott, los «hol' up» «bitch» de Kendrick Lamar, la carcajada de Nicki Minaj, el «skrrt» de los Migos—. En el pop urbano latino estas interjecciones, además de exclamaciones (el «yeh yeh yeh yeh» de Bad Bunny), toman la forma de un tag sonoro con el que cada artista o productor («O-O-Ovy On The Drums») marca con su nombre su participación en una canción, para que quien la escuche le identifique, algo especialmente útil cuando suenan en una *playlist hits* colectivos como *China* (2019), de Anuel AA, con Daddy Yankee, Karol G, Ozuna y J Balvin, o en las remixes en formato *all-star*, como en el caso de *Relación*, de Sech, con Daddy Yankee, J Balvin y «la Rosalía» (ya sabéis con qué entonación hay que leerlo).

Letra

La identificación de Rosalía como artista latina se debate y se cuestiona por parte de medios y periodistas de Latinoamérica cuando empieza a ser distinguida en los Latin Grammy (once premios de veintitrés nominaciones entre 2017 y 2024) y en las categorías dedicadas a la música latina de los Grammy y de los premios de MTV y *Billboard*, entre otros. Esta última publicación la identificaba en 2019 como tal en un contenido de su serie de entrevistas audiovisuales *Growing up latino*, pero la legitimidad de una publicación *estadounidense* para repartir carnets de latinidad es controvertida. «Yo soy de España y mi cultura es española, pero he estado estudiando flamenco, y el flamenco tiene palos como la colombiana, la guajira, la rumba —explica Rosalía en el vídeo—. Y esto está tan conectado con América Latina que es una locura, me voló la cabeza. Y cuando fui a Panamá o a México, me sentí como en casa. Así que sí, me siento latina.» Para responder a la pregunta de si Rosalía es o no latina debemos preguntarnos qué significa serlo. Según el diccionario de la Real Academia Española, la palabra hace referencia tanto a una persona «natural de Latinoamérica, conjunto de los países americanos cuya lengua y cultura son prioritariamente latinas», como a una «que es de origen latinoamericano o hispánico y vive en Estados Unidos de América», una segunda acepción que define literalmente a Rosalía, nacida en España y residente en Miami, estado de Florida. Pero la comunidad latinoamericana puede deslegitimar la definición de la RAE desde una perspectiva descolonial. Sobre si merece o no ser reconocida por los Latin Grammy, indicar que la Latin Recording Academy, fundada en 1997, los otorga desde el 2000 para premiar música en español o portugués editada en América Latina, España, Portugal y Estados Unidos, una definición que describe la música que hace Rosalía. «Yo siento que soy de Barcelona, y me gusta mucho hacer música en español porque mi gran formación es en flamenco, que normalmente es en español. Entiendo que se me englobe dentro de las músicas latinas porque hago música en español», decía Rosalía en 2019. Añadir que ya en la segunda edición de los Latin Grammy, en 2001, el gran ganador fue el español Alejandro Sanz, que se fue a casa con cuatro estatuillas, entre ellas a las categorías reina de álbum del año, grabación del año y canción del año, por *El alma al aire*.

«Yo soy de España y mi cultura es española.»

Libertad

En el cancionero de Rosalía la libertad figura como uno de los principales deseos («No estoy a tu lado, pero te deseo paz y libertad», *Como un G*), aspiraciones («Todo el mundo quiere fortuna, dinero y libertad», *Chiri*) e ideales («Que Dios bendiga a Pastori y Mercè, a la Lil' Kim, a Tego y a M.I.A., a mi familia y a la libertad», *Bulerías*). Entendida como ausencia de límites y restricciones, en su música se traduce en una desaparición de prejuicios para combinar distintos géneros y encontrar un estilo propio. «Es como si siempre hubiera sido varias cosas al mismo tiempo: he escuchado tantas cosas, me he nutrido de músicas tan distintas... —me decía ya en 2016—. Ha habido momentos en los que he pensado que quizá debía elegir, enseñar solo una de estas caras. Mayte Martín hace unos años me decía que era absurdo centrarse en un único género solo porque a las discográficas les pareciera más coherente, que como artista debía mostrar lo que soy.» Y se mantenía consecuente con esta manera de pensar en 2023: «Si no me comprometo con un solo estilo, puedo seguir aprendiendo y creciendo practicándolos todos. Me encanta la idea de no estar en un lugar concreto porque así puedo ocuparlos todos. Si estuviera encerrada en un lugar específico, en una línea de pensamiento, no podría aprender sobre el resto de los lugares a los que voy, no podría aprender nuevas formas de llegar allí. Cuanto más libre eres, más fácil te resulta decir lo que quieres, ponerlo todo sobre la mesa. Forma parte del acto de crear». Recordad el sexto mandamiento motomami: «Una motomami destruye con gusto sus obras anteriores para dar paso a las obras siguientes». ¿Existe mayor ejercicio de libertad?

Entendida como ausencia de límites y restricciones, en su música se traduce en una desaparición de prejuicios para combinar distintos géneros y encontrar un estilo propio.

Libra

«Yo más libra que nunca», posteaba Rosalía en el agradecimiento a quienes la habían felicitado en su trigésimo primer cumpleaños, identificándose con su signo del zodíaco como buena milenial, la generación responsable de rescatar el interés por la astrología en redes sociales, intentando encontrar en tiempos de incertidumbre y crisis un orden y sentido en sus vidas que ya no buscan en la religión. Rosalia Vila Tobella nació el 25 de septiembre de 1992, y según su carta natal tiene el Sol en Libra, la Luna en Virgo y el Ascendente en Sagitario. De la lista de aspectos de su carácter que se derivan de esta supuesta posición de los astros, algunos resuenan con su imagen pública. Se percibe en ella el carisma, encanto y capacidad de seducción de las personas libra, de naturaleza comunicativa y tendencias artísticas y estetas. Demuestra el perfeccionismo y capacidad de trabajo de las virgo, prestando mucha atención a los detalles. Y exhibe el carácter extrovertido, expansivo, emprendedor y amante de la libertad de las sagitario, con una propensión a la movilidad que le permite mudarse a la otra punta del mundo por motivos profesionales.

Los

«Me decían que grabara fusiones de electrónica y copla, que iba a ser un bombazo, pero a mí me rechinaba. Yo quería estar orgullosa de mi primer trabajo, siempre me he guiado por mi intuición y nunca he tenido prisa», decía Rosalía a RTVE en 2017 a propósito de la publicación de *Los Ángeles*, su primer álbum. Unos años antes, la estudiante del grado de cante flamenco en la Escuela Superior de Música de Catalunya que se formaba con el cantaor José Miguel Vizcaya, el Chiqui, ya quería grabar a los veintipocos una antología de la Niña de los Peines, la cantaora gitana nacida en Sevilla un siglo antes que ella, considerada una de las principales voces del flamenco, si no la mejor de la historia. *Los Ángeles* no resultó ser al final una selección del repertorio de Pastora Pavón —aunque figura la primera en la *playlist* de inspiraciones para el álbum que Rosalía compartió—, pero sí una colección de cantes antiguos que en el disco «se convierten en canciones» porque Rosalía a la voz y Raül Fernandez, Refree, a la guitarra y la producción no los abordan en clave flamenca ortodoxa, sino experimental, algo que les valió críticas por parte de la afición flamenca, sobre todo, al toque en clave punk. «En los títulos de las canciones no ponemos los palos. Es una manera de decir que me baso en melodías y letras de cantes, pero lo convertimos en otra cosa», contaba a RTVE. Para crear el repertorio Rosalía recuperó grabaciones de finales del siglo XIX y principios del XX: «Canto

Ángeles

inspirada en la estética de los cantaores precamaronistas, de la edad de oro del flamenco: Juanito Valderrama, Manuel Vallejo, la Niña de los Peines. Es una reivindicación de una forma de cantar que no es muy habitual ahora mismo». En *Time Out Barcelona*: «Mi maestro me dijo que buscara en casetes antiguos: los compraba de segunda mano por Wallapop. ¡La de horas que me he pasado rebobinando, yo que por generación no lo había hecho nunca, se me hacía muy pesado! Y después por internet: he encontrado mucho material digitalizado en YouTube, Spotify, Deezer... No te lo acabas. Los aficionados cuelgan muchas cosas, y las encuentras por casualidad, el elemento azaroso de internet me parece muy interesante». El título del álbum conecta con la muerte, el *leitmotiv* que hilvana el repertorio. Pero leído desde un presente en el que Rosalía fuma en los *parkings* de L. A. con Jeremy Allen White, te la imaginas en los inicios de su carrera manifestando su futuro como estrella internacional. El videoclip del segundo *single* del álbum, *De plata*, filmado en la ciudad californiana y dirigido por Tomás Peña, del colectivo Manson, la sigue cantando y bailando flamenco por las aceras de Los Ángeles, pisando las «estrellas de mármol, cortadas en el suelo» de Hollywood Boulevard a las que cinco años más tarde cantaría en *G3 N15*. El estilismo de Rosalía en el vídeo de *De plata* le valió a su hermana Pili Vila una nominación a los UK Music Video Awards 2017.

Luna

La presencia de la luna en el cancionero de Rosalía hay que leerla en clave de cita al imaginario tradicional español y cañí característico de sus dos primeros trabajos. Omnipresente en el flamenco, la luna aparece un par de veces en el cielo de *Los Ángeles*, alumbrando con «su luz tan bella» la persona que coloca una dalia sobre la tumba de la amada en *Te venero*, eclipsando al sol en Jueves Santo durante el martirio de Cristo en *El redentor*. Pero es *El Mal Querer* el álbum que está bañado por su luz plateada, como apunta la poeta Martha Asunción Alonso en *La Rosalía. Ensayos sobre el buen querer* (Errata Naturae, 2021), y en el que presagia un destino fatídico, como en la poética de Federico García Lorca, en la que simboliza la muerte. La salida de la luna implica que «se ha puesto la noche rara» en *Malamente*, no por casualidad subtitulada *Cap. 1: Augurio*, y es uno de los elementos que provocan los irracionales celos («Y del cielo y de la luna, que tú quieras mirarlos») al marido carcelero de *Pienso en tu mirá*. Pero es en el *Cap. 2: Boda* donde refleja el «fulgor amenazante» de la simbología lorquiana: «Que no salga la luna que no tiene pa' qué», canta el corifeo flamenco, los ojos de la novia, «clavada de plata», brillando «como las hojas de un cuchillo», «cuando le di el anillo», alumbrando la noche. La luna representa, desde la mirada masculina, una feminidad idealizada en *Diablo* («Y como tú ninguna, brillas como la luna, brillas como mis prendas») y *Beso* («Tú eres la exponente infinita, la equis, la suma. Te queda pequeña la luna»). Y también es oráculo en *Chiri* («He encontrado razones, he mirado la luna, señas del destino, no sobra ninguna») y cómplice protectora en las salidas nocturnas en *Vampiros* («Todos los fines de semana la luna me escolta»).

MALA

Se tiende a pensar que usar malamente está mal, muy mal.

Aunque la forma adverbial de mal es correctísima, se tiende a pensar que usar malamente está mal, muy mal, y que su inclusión en el diccionario es reciente, una concesión de la academia al vulgo más cateto (tra, tra), aunque lleve en el mismo desde los tiempos de los Reyes Católicos. El *single* de avance de *El Mal Querer* se publica el 30 de mayo de 2018, dejando bien clarito que el bagaje que Rosalía había demostrado dominar en *Los Ángeles* no lo iba a usar para salvar el flamenco, que ya estaba cuando ella llegó y allí continuaría sin ella, sino para llevárselo a otro lado. «Yo quiero ir hacia algo que no haya encontrado aún», decía justo un mes antes de la salida del tema a la cineasta Bàrbara Farré (que en 2019 dirigiría el vídeo de *Fucking Money Man*). Y lo encontró: el pop urbano aflamencado con *samples* de *Malamente* se elevó

MENTE

como el nazareno patinando con el que termina el videoclip. Cinco veces disco de platino en España, donde escaló hasta el número 2 en la lista de canciones más escuchadas, número 1 de YouTube España nada más salir, discos de oro y platino en Francia, México, Estados Unidos y Brasil, junto a otros méritos internacionales (32 mejor canción latina de todos los tiempos según *Billboard*, 23 mejor canción de la década de 2010 según Pitchfork), como los UK Video Music Awards al mejor vídeo pop internacional para la productora de Barcelona CANADA. Millones de personas aplaudieron con el dorso de las manos a Rosalía, pero activistas de la comunidad gitana denunciaron apropiación de su cultura, una queja más centrada en la iconografía poligonera tuneada con símbolos de la España más rancia del videoclip que en la canción, que nunca recibieron otros artistas payos, hombres y andaluces, como Paco de Lucía y Alejandro Sanz.

El Mal

Que el trabajo de final de grado de una estudiante superior de música tenga la forma de una obra musical no es tan raro. Que se publique en forma de álbum y llegue al número 1 de las listas de más escuchados de España —triple disco de platino— y de pop latino en Estados Unidos es algo único. *El Mal Querer*, segundo LP de Rosalía, le valió tanto la matrícula de honor al final de sus estudios como el arranque de su carrera como estrella del pop internacional, después de que *Los Ángeles* la posicionara como artista a la que tener en seguimiento. Rosalía lo apostó todo a *El Mal Querer*, un álbum conceptual sobre la concepción patriarcal del amor como posesión de la persona amada, inspirado en una novela del siglo XIII, *Flamenca*. «La historia me hizo plantearme el amor de manera antropológica. ¿Sigue siendo ese mal querer de hace ocho siglos igual de intenso en la España actual?», contaba Rosalía a *Vogue* en septiembre de 2018. Una narrativa actualizada con un sonido pop de vanguardia que utiliza herramientas de producción contemporáneas como el *sample* para incorporar el lenguaje ancestral flamenco como materia prima, con ambición y vocación de llegar a un público masivo. Enroló al Pablo Díaz-Reixa, el Guincho, a la coproducción de la música, a la productora CANADA para los videoclips del primer y segundo *single*, *Malamente* y *Pienso en tu mirá*, y al artista Filip Ćustić para el arte y la identidad visual del álbum. Sin haber firmado aún con un sello discográfico. «Todo lo que tengo lo estoy poniendo aquí. Estoy a números rojos, me estoy arriesgando mucho», decía con risa nerviosa meses antes de su publicación el 2 de noviembre de 2018. «Pablo fue supergeneroso pese a no tener ninguna garantía de que este trabajo fuera a distribuirse como Dios manda. Estaba en tierra de nadie como artista y CANADA decidió arriesgar conmigo y hacer sus vídeos. Al igual que Filip, que desarrolló esta maravilla de arte. Estoy plenamente agradecida a mis amigos y a mi familia, que han estado allí, creyendo que mi visión era acertada y que esto tenía un sentido. Ha sido un esfuerzo grande»,

Querer

contaba respirando tranquila poco después, con *El Mal Querer* convertido ya en un éxito. Entre los dos momentos, hitos como los conciertos de avance en junio en el festival Sónar de Barcelona (uno de los momentos que más expectación ha generado en sus treinta ediciones) y en la plaza de Colón de Madrid, gratuito y ante 11.000 personas, dos días antes del lanzamiento, y el anuncio del mismo en septiembre en Times Square, en Nueva York. Pero todo el bien que le había de brindar *El Mal Querer* solo acababa de empezar. Su maestro de cante flamenco el Chiqui, miembro del tribunal que le otorgó la matrícula de honor, lo definía como «revolucionario», con elementos que le parecían «puras genialidades». Referentes de la crítica musical internacional como *The Guardian* (5 estrellas) y Pitchfork (8,8 de nota) lo bendijeron con puntuaciones elevadas, *Rockdelux* lo consideró el mejor disco estatal de 2018, y en la revisión de 2022 de su lista de los cincuenta mejores álbumes conceptuales de todos los tiempos, *Rolling Stone* lo situó en la posición número 10 (por encima de *Sgt. Pepper's Lonely Hearts Club Band* de The Beatles, *The Rise and Fall of Ziggy Stardust and the Spiders From Mars* de David Bowie, y *Lemonade* de Beyoncé). Antes llegarían las primeras fotos de Rosalía zozobrante de latin grammys («¡Mira como brilla!»): se llevó dos por *Malamente* en 2018, y seis por *El Mal Querer* (de los siete a los que estaba nominada). Y el Grammy de verdad (el Grammy-Grammy) al mejor álbum latino de rock, urbano o alternativo en la sexagésima segunda edición de los premios, en la que actuó, interpretando *Juro que* y *Malamente*. Era poco antes del inicio de la pandemia del COVID-19.

Mandamientos

El 27 de febrero de 2022, a 20 días de la publicación de *Motomami*, Rosalía publicó en Twitter: «Una motomami te abraza y es mejor que abrazar un peluche», seguido de la numeración 1/20. Habían pasado tres meses desde el *teaser* en Instagram en el que avanzaba el nombre del álbum. Desde entonces y hasta el 19 de marzo, con una periodicidad diaria (con excepciones), Rosalía publicó una serie de 20 aforismos en forma de tuits con los que explicaba el concepto que titulaba su inminente tercer disco: qué definía a esta persona que era tanto *moto*, la parte enérgica del binomio, como a la vez *mami*, su mitad tierna. Cuando el 2 de marzo Rosalía falló a publicar el cuarto, su *fandom* reclamó el tuit empezando a referirse a la serie como mandamientos, como después recogerían los medios. Al contrario de los preceptos bíblicos, los 20 mandamientos motomami son afirmativos en lugar de negativos (salvo uno), más invitacionales que amenazadores.

1. Una motomami te abraza y es mejor q abrazar un peluche.
2. Una motomami es leal con los suyos porque ser leal es un flex.
3. Una motomami cuida a otras motomamis.
4. A una MOTOMAMI le gusta la leche.
5. Una motomami tiene las manos de mariposa y brazos y cuerpo de mariposa también.
6. Una motomami destruye con gusto sus obras anteriores para dar paso a las obras siguientes.
7. Una motomami no necesita, la necesitan.
8. Una motomami es muy suyaaaa y se transforma.
9. Una motomami es una leyenda del *fitness* pero siempre pide postre.
10. Una motomami sabe quien es Y lo lleva por delante porque es brava.
11. A una motomami no le importa mancharse las manos cuando las pone dentro del motor para ajustarlo.
12. No puedes joder con una motomami.
13. FRONTEA CON MOTO, PROTEGE TU MAMI.
14. El casco es el mejor bolso de unA motomami
15. Una motomami sabe que el mejor artista es Dios.
16. Una motomami dice hoy voy un poco motomami pq se ha bebido unas copillas.
17. Una motomami te puede ride como a su bike.
18. Si una motomami diseñara tacones los haría también del 44.
19. Una #MOTOMAMI se tarda lo q haga falta para hacer un álbum y lo suelta hoy a las 00.00 h.
20. Y yo soy una motomami porque mi madre es una motomami y la madre de mi madre es una motomami y la madre de la madre de mi madre era una motomami también.

ME PARTO LA CAMISA

A Rosalía el confinamiento obligatorio durante la pandemia del COVID-19 la pilló en Miami. Se había quedado allí después de la entrega de los Grammy, trabajando en el álbum que iba a ser *Motomami*, y en marzo de 2020 se encontraba lejos de su familia, atesorando audios como el que cierra *G3 N15*. El encierro doméstico la cogió a contrapié, como a todas. «Yo tenía mi plan», le dijo a Jordi Évole en una entrevista por videollamada. «Iba a sacar una canción para el club, para bailar, superagresiva, en colaboración con un artista de Estados Unidos. Lo tenía todo hecho, estaba a punto y dije: "No tiene ningún sentido en este contexto". Por cómo me siento ahora mismo, y por cómo creo que la gente también se siente.» Hablaba de *TKN*, su colaboración con Travis Scott (que vería la luz a finales de mayo, cuando la restricción de libertad de movimiento había empezado a relajarse en España). En su lugar, el 24 de marzo Rosalía publica una canción que tiene que ver «con la desesperación, con sentirte encerrado, con la tristeza, con ese lamento», dijo a *El País* en otro Zoom. Su publicación en redes sociales con la portada del *single*, un retrato suyo tumbada boca abajo en la cama, con el móvil y una mascarilla al alcance de la mano, triste y azul como el gato de Roberto Carlos, del artista puertorriqueño establecido en L.A. Jonny Negron, leía: «Muchos estamos en cuarentena y otros están asumiendo riesgos para ayudar fuera de casa. [...] Yo he decidido volcar toda mi energía y mi corazón en hacer algo para los demás, a mi manera. Sé que lo que hago como artista podría parecer prescindible, y para algunos lo será, pero para mí ser capaz de hacer música es salud mental. Esta canción se llama *Dolerme* y espero que os haga sentir un poco mejor, como me hizo sentir a mí cuando la compuse. Por favor, cuidaros y cuidad a quien os rodea». Rosalía trabajó a distancia con el productor canadiense Frank Dukes (Drake, Lorde, The Weeknd), que ya había coproducido *Con altura*, para terminar durante las dos primeras semanas de cuarentena una desolada canción de desamor y despecho, que cita a Estopa citando a Camarón de la Isla, una doble mención a su panteón de héroes musicales: el de su epifanía flamenca, y los vecinos del extrarradio de Barcelona que abrieron camino. «Que ya no puedo aguantarme y ni vivir de esta manera», se queja Camarón en *Soy gitano*. Es tradición en el ritual nupcial gitano que los hombres asistentes se rompan la camisa como expresión de alegría por los recién casados, pero cuando José Monge canta: «Soy gitano y vengo a tu casamiento a partirme la camisa», lo hace tan roto por la pérdida de la persona amada como la camisita que tiene. «Tú me rompes las entrañas», canta David Muñoz, y su «yo me parto la camisa como Camarón» expresa el desgarro que produce la pasión amorosa. El «me parto la camisa» de Rosalía canaliza en *Dolerme* la emoción que le han transmitido esas canciones para expresar su dolor.

m

de Motomami

2017 había sido el año en el que Rosalía se había dado a conocer con *Los Ángeles*. 2018 y 2019, los de su despegue con *El Mal Querer*, álbum y gira mundial, y la media docena de *singles* que salieron después, incluidas las colaboraciones con los astros latinos J Balvin y Ozuna. 2020 fue el del freno por la pandemia, pero también el de los dúos con las superestrellas estadounidenses Travis Scott, The Weeknd y Billie Eilish (publicado en enero de 2021), que auspiciaban su consagración internacional en un futuro próximo. Y que llegaría con el álbum en el que estaba trabajando en ese momento. En el *moodboard*: su cambio de estatus de persona anónima a *popstar,* con todo lo bueno y lo malo que conlleva («las dos caras de la moneda»), influencias musicales resultado de su integración en la industria musical latinoamericana, la añoranza por su familia, la sacudida del enamoramiento y la sensualidad del amor correspondido. Lo titula *Motomami*, nombre de la empresa que su madre fundó en 2019 para administrar la carrera artística de su hija pequeña, referencia a la pasión familiar por el motor y a la tensión binaria entre opuestos del relato del álbum. Dedicará tres años a terminarlo, con jornadas maratonianas en estudios de Nueva York y Los Ángeles. El 27 de enero de 2021 abre @holamotomami, una cuenta privada en Instagram que le servirá de diario de su proceso creativo: la mantendrá cerrada durante un año y la abrirá en Nochebuena de 2021, a tres meses de la publicación del álbum. Más que un *easter egg*, una huevera entera; todo el universo de *Motomami* se estaba desplegando allí, meses antes de su publicación: la mariposa de *CUUUUuuuuuute*, *Saoko* y la portada (inspirada en una camiseta de Yung Lean), el *tracklist* (incluidos los extras que formarían parte de la versión *deluxe* del álbum), el personal (los coproductores Noah Goldstein, Michael Uzowuru, Dylan Wiggins, Pharrell Williams, la compositora Caroline Shaw, el ingeniero de grabación David Rodríguez), el cromado de la chapa del motor, el alfabeto por palabras, sus meses en L.A. y Nueva York... y muchas horas en el estudio. «Una vez un amigo mío me dijo que hacer un disco es sangre, sudor y lágrimas y LITERAL», posteaba en marzo de 2021; «Tres años para hacer este disco», en mayo, llorosa en los dos posts. En junio de 2021 Rosalía regresa a Catalunya después de casi dos años y dedica los siguientes meses a trabajar en los videoclips de *Motomami*. En septiembre publicaría *Linda*, su primera colaboración

La crítica celebró su vocación tan experimental como comercial y los charts lo respaldaron.

con Tokischa, y que predeciría el *featuring* de la dominicana en *La combi Versace*, y en septiembre se haría pública su relación sentimental con Rauw Alejandro. La Motomami Era arrancaría en noviembre, con un *teaser* en su cuenta oficial de Instagram, un tuit proclamándola y la publicación del primer avance, *La fama*, una bachata con The Weeknd cantando como Romeo Santos sobre un *reef* tarareado por Rosalía, con un videoclip que remite a la película *Abierto hasta el amanecer* (Robert Rodriguez, 1996), que fue número 1 en España y se coló en el Billboard Hot 100™. En febrero de 2022 llegarían los singles *Saoko* y *Chicken Teriyaki*, y el 18 de marzo el álbum y el TikTok Live de presentación, con casi cuatro millones de reproducciones entre su lanzamiento y sus tres retransmisiones. «Día 10 después de *Motomami*. Creo que la gente ha entendido los temas mejor ahora que han oído el disco entero: eso me hace muy feliz. Mis *haters* trabajan, pero yo trabajo más, y sigo convencida de cada nota y palabra en el disco: no cambiaría ni una», posteaba el 27 de marzo. *Haters gonna hate*, pero la recepción del álbum fue espectacular. La crítica celebró su vocación tan experimental como comercial y los *charts* lo respaldaron. *Motomami* fue el mejor álbum de 2022 según el agregador de críticas Metacritic, por encima de *Renaissance*, de Beyoncé, *SOS*, de SZA, *Un verano sin ti*, de Bad Bunny, y *Midnights*, de Taylor Swift. Número 1 en España con tres discos de platino, escaló hasta la posición número 3 en la lista de Top Latin Albums del *Billboard* estadounidense, y hasta la 33 en el Billboard 200. Se llevó los Latin Grammys a álbum del año (imponiéndose a Bad Bunny y a Alejandro Sanz), mejor álbum de música alternativa, mejor ingeniería de sonido y mejor diseño —además de nominaciones para *Hentai*, *La fama* y el directo en TikTok—, y el Grammy al mejor álbum de rock latino o alternativo (imponiéndose a Jorge Drexler) —y otra nominación para la *Motomami TikTok Live* Performance—. En 2024 supera los 4 billones de escuchas en Spotify.

New Era

Es la expresión con la que Rosalía inauguró públicamente la etapa vinculada a su tercer álbum: «New era. Motomami era», posteó en Twitter el 10 de noviembre de 2021. Una era es un período de tiempo que se cuenta a partir de un hecho destacado, y —como sabe Taylor Swift— cada disco marca un momento crucial en la trayectoria de un artista. El uso coloquial de «era» para definir distintas etapas de la vida de una persona, marcadas por un estado emocional, una relación, un logro o un interés, surge en TikTok y Twitter: Rosalía, como Taylor, se haría eco de este *trend*. Aunque el anuncio oficial de la era motomami fuese a finales de 2021, Rosalía vivía de pleno en ella desde meses antes. El 22 de julio de 2023, en el último concierto de la gira de ese álbum en Lollapalooza París, Rosalía dijo: «El siguiente capítulo aún no sé cómo será. Hay algunas ideítas, o ilusiones, pero pues yo qué sé, solo Dios sabe». «Últimamente he tenido un poco de montaña rusa en mi vida, como sabéis, pero, como también sabéis, soy una mujer que voy a muerte con todo lo que hago, y tengo muchas ganas de hacer más música, más mundos, de meterme en más líos y de dar más», publicaba en X el 18 de marzo de 2024 a propósito del segundo aniversario de *Motomami*. La próxima era de Rosalía ya ha empezado: el 30 de marzo de 2024 compartía en su comunidad de WhatsApp una foto en el estudio. Solo que aún no sabemos cómo llamarla. Provisionalmente es R4.

N

de Ni se te

Ni se te ocurra ni pensar que Rosalía no tiene sentido del humor. *Los Ángeles*, con cantes sobre la muerte como materia prima, y *El Mal Querer*, con la violencia patriarcal como inspiración, dejaban poco espacio para la ligereza. Pero en su obra posterior, la ristra de *singles* de 2019, *Con altura*, *Aute cuture* y *Milionària* (incluso barras de *A palé*), y *Linda* abriendo la puerta a *Motomami*, Rosalía bromea con el lenguaje verbal y musical, haciendo equilibrios entre no tomarse demasiado en serio e ir al cien por cien con lo suyo. «La gente a lo mejor no sabe lo importante que es para mí el sentido del humor en general en mi vida. Yo personalmente lo necesito para vivir feliz. ¿Y por qué no escribir una canción desde ahí?», explicaba en Genius, verificando el significado de *Hentai*, y admitiendo que la canción tenía «un poco de guasa». Como guasón era el mandamiento dieciséis: «Una motomami dice hoy voy un poco motomami porque se ha bebido unas copillas». Un fragmento de la coreografía de Rosalía en su interpretación de *Bizcochito* en el Motomami World Tour (2022), en el que hace el gesto de mascar chicle de manera exagerada con actitud de autosuficiencia, se viralizó en redes sociales. «Estábamos en el ensayo haciendo la coreografía, y de tantas veces hacerla uno se aburre, en los ensayos. Y entonces, como sin querer, empecé a hacer eso para hacer reír a los chicos. Vi que se reían, y entonces dije: pues lo voy a hacer. De improvisar, salió», explicó en el pódcast *La pija y la quinqui*. Una canción contra la cosificación convirtió a Rosalía en meme, en un objeto digital que, por otro lado, no es de nadie, sino colectivo. Ni se te ocurra ni pensar que Rosalía cedió su agencia: ella misma se sumó a su *trend* en TikTok.

ocurra ni pensarlo

NUEVA

En enero de 2013 Rosalía actuó por primera vez en la gran capital estadounidense en la APAP/NYC, la conferencia anual de la Association of Performing Arts Professionals estadounidense, sin dejar apenas rastro. Cinco años después, el 13 de septiembre de 2018, su cuenta de Twitter nos la muestra en Times Square por duplicado: emocionada a pie de plaza, anunciando la publicación de su segundo álbum, *El Mal Querer*, y entre las nubes de la portada de Filip Ćustić, desnuda salvo por una cortina de baño desde el atalaya de una de las vallas publicitarias de leds que

YORK

la circundan. «Taggea'o tu nombre en la pared. O *El Mal Querer* en Times Square», lo inmortalizaría en *A palé*. Salto a enero de 2021: Rosalía postea un selfi desde Electric Lady —estudio fundado por Jimi Hendrix en 1970 y donde han grabado Lana Del Rey, Kanye West, Taylor Swift y Lorde— durante las sesiones de *Motomami*. Y el tercer *single* de ese álbum, *Chicken Teriyaki*, es una carta de amor a la ciudad, donde visita a su joyero y le da su dinero, con menciones a barrios y distritos neoyorquinos como Washington Heights —con mayoría dominicana—, Queens y Tribeca.

O de Oral

El single *Oral* fue el último lanzamiento de Rosalía en 2023. Una colaboración con Björk, una de sus heroínas por su rol pionero al combinar, como ella, las facetas de compositora, intérprete y productora, y una de las referentes que mencionó cuando recogió el primer premio a productora del año en el evento Women in Music de *Billboard* en 2023, unos meses antes de homenajearla en Halloween recreando el icónico vestido de cisne que la islandesa llevó en los Óscar de 2001. Björk compuso *Oral* hace veinticinco años, entre dos de sus discos más relevantes, el rompedor *Homogenic* (1997) y el sensual *Vespertine* (2001), pero la descartó en su momento por sonarle demasiado pop. Había intentado recuperarla sin suerte durante años, y cuando lo consiguió, su ritmo *dancehall* le hizo pensar en el reguetón y de ahí en Rosalía, y le pareció que la artista catalana la ayudaría a traerla al presente. La canción describe la fantasía de besar a un hombre, y se pregunta si el mero hecho de poder hacerlo lo hace correcto, y parte de la imagen de una boca, de ahí la referencia a lo oral del título. La boca es el instrumento principal de Rosalía (junto al estudio, en su dimensión de productora). «Somos dos cantantes como los de antes... Porque a ti te canto pa' que tú me cantes», cantaba en *Yo x Ti, Tu x Mi* con Ozuna en 2019. A los dieciséis años tuvo que someterse a cirugía en las cuerdas vocales por haberse dañado la voz, algo nada inusual entre profesionales del canto. «Era una cabra loca y me dejaba llevar por mis impulsos, cantando en todas partes y sin filtro alguno —contó a *Vogue* en 2018—. Tener que operarme me condicionó muchísimo: estuve un año sin cantar y otro en rehabilitación. Me familiaricé con el silencio. Fue una cura de humildad brutal, a partir de la que me volví radicalmente disciplinada.» «Si me muero, que me muera por la boca, como muere el pez», canta en *Saoko*, y explicaba el sentido de la barra en Genius: «Que me muera haciendo lo que me gusta, que es cantar».

A los dieciséis años tuvo que someterse a cirugía en las cuerdas vocales por haberse dañado la voz, algo nada inusual entre profesionales del canto.

Otaku

Este término japonés se utiliza para referirse a fans del manga y el *anime*, el cómic y la animación nipones. Cuando *otaku* empezó a usarse en la década de 1980 tenía connotaciones peyorativas, identificando a personas (sobre todo hombres jóvenes) obsesionadas por estos *hobbies* hasta el punto de aislarse de la sociedad. Pero el concepto se ha reclamado en positivo y cualquier persona interesada en el *manganime* se reconoce como tal. «El *anime* propone un mundo paralelo, una fantasía —revelaba Rosalía a Genius a propósito de la letra de *Hentai*, el género de *manganime* pornográfico—. Y por los códigos estéticos, ojalá pudiera levantarme un día, coger unas gafas especiales y salir para la calle y poder ver todo con esos colores, con esas texturas, con los ojos distorsionados. Me encanta.» Rosalía ha demostrado su afición a la cultura pop japonesa en muchas ocasiones. Su peinado en el videoclip del *remix* de *Relación* sugiere un homenaje al de la protagonista de *Sailor Moon*, que también ha llevado como adorno en la carcasa del móvil. En Halloween de 2022 Rosalía se disfrazó de Asuka, uno de los personajes de *Neon Genesis Evangelion*, a dúo con Rauw Alejandro, que iba del protagonista del *anime*. Las letras de *Motomami* incluyen muchos préstamos del japonés, sobre todo la canción con el título del álbum (tatami, tsunami, origami, sashimi); *Chicken teriyaki*, canción con nombre de receta nipona, que menciona el *maki*, una de las formas de preparar el *sushi*; y *Sakura*, el nombre de la flor del cerezo, símbolo de la fugacidad de la vida en Japón, además del nombre de un popular *manganime* y de su protagonista. También *Vampiros*, incluida en *RR* (2023), incluye una referencia gastronómica: Rosalía se identifica con el condimento picante *wasabi;* y también se define como *wabi-sabi*, un término estético que implica encontrar la belleza en la imperfección y lo impermanente en la naturaleza. «El principio de todo esto viene desde muy pequeña. Me gusta mucho la cultura nipona, me encanta la comida de allí, siempre he tenido mucha ilusión de ir allí; me encanta el *anime*, me encanta todo lo que tiene que ver con esa cultura, la estética, la moda, los fotógrafos... Hay tantos artistas que me inspiran de ahí», contaba en una entrevista promocionando *Motomami*. «Haber nombrado las canciones así es como tirar una moneda a la fuente, como diciendo: ojalá que a raíz de este proyecto por fin tenga la excusa perfecta para poder ir para allí.» Rosalía contaba en la entrevista que por aquel entonces aún no había estado nunca en Japón y que se moría de ganas de ir a Tokio, escenario de varias de sus películas favoritas. Dicho y hecho: Rosalía ambientó en Japón los videoclips de *Candy* (en el icónico Karaoke Kan del barrio de Shibuya en Tokio, en homenaje a la película *Lost in translation* de Sofia Coppola), *Beso* (filmado durante unas vacaciones en Tokio y Kioto con Rauw Alejandro) y *Tuya* (en el transitadísimo cruce en Shibuya, con un cachorro de akita —raza de perro originaria de Japón a la que pertenece Hachiko, la mascota del barrio—, bebiendo sake en un minúsculo bar del Golden Gai en Shinjuku, comiendo *ramen* y tomando un baño termal en un *onsen*).

Pantalla

La obra de Rosalía es indisociable de la pantalla. En vertical escuchamos su música en las plataformas de *streaming* de audio, en vertical consumimos su cotidianidad mediatizada en *stories* y tiktoks, verticales las pantallas del escenario en la gira de *Motomami*. En horizontal se disfruta el cine de autor que se cuela en sus canciones —Spike Jonze en *Hentai*, Gaspar Noé y Pedro Almodóvar en *TKN*, el Æon Flux de Karyn Kusama en *Abcdefg*— y en sus *performances* —Michel Gondry filmándola en el *show* de Louis Vuitton—, y en el que ha participado —su cameo en *Dolor y gloria* (2019), de Almodóvar; cantando en proyecciones en vivo de *Blancanieves* (2012), de Pablo Berger—. En horizontal sumamos *plays* a los más de 5.000 millones de visionados de sus videoclips en YouTube, como los premiados *Malamente* (2018; mejor vídeo pop internacional en los UK Music Video Awards; vídeo del año según Pitchfork), *Con Altura* (2019; mejor vídeo latino y mejor coreografía en los MTV Video Music Awards), *Lo Vas a Olvidar* (2021; MTV VMA al mejor vídeo latino) y *Saoko* (2022, MTV VMA al mejor montaje). Y rotamos el teléfono para admirar su innovadora Motomami TikTok Live Performance, avance audiovisual del álbum en la red social, filmado con una treintena de iPhones y con nueve bailarines, que anticipaba el Motomami World Tour. Entre el estreno y sus tres retransmisiones en TikTok, la pieza de veintiocho minutos (una duración superior a los contenidos habituales de la plataforma) sumó casi 4 millones de visionados, y cuenta con más de 7 millones de *views* en YouTube. Fue nominada al Grammy Latino al mejor vídeo musical de larga duración y al Grammy a la mejor película musical. Como la TikTok Live Performance de *Motomami*, la obra de Rosalía ha sido creada para ser visionada desde un dispositivo móvil. Los contenidos cambian de orientación, así que es recomendable bloquear la pantalla en los ajustes y sujetar el dispositivo con las dos manos. Como el manillar de una moto.

P de Patrona

«Ya no le gusta seguir patrones, ella es la patrona», canta Daddy Yankee en el *remix* de *Relación*, al que Rosalía se suma. Ella es la patrona de la Motomami SL que gestiona su madre Pilar y codirige en lo artístico su hermana Pili. Pero también es la patrona de todas las motomamis y motopapis del mundo, elegida como santa protectora —una motomami cuida a otras motomamis, dice el tercer mandamiento—; las portadas de sus álbumes, las estampas a venerar; la Inmaculada Concepción de *El Mal Querer*; el nacimiento de Venus de *Motomami*. Durante la grabación de este último también Rosalía se encomendó a una patrona de su propio panteón, Kate Bush, o eso parece por multitud de publicaciones en @holamotomami sobre la cantautora y pionera británica del pop electrónico: fotos de su cancionero *How to Be Invisible* (2018); de la biografía *The Secret History of Kate Bush and the Strange Art of Pop* (Fred Vermorel, 1983), con *copy* con una barra de su primer *single* *Wuthering Heights* (1978), primer número 1 en el Reino Unido compuesto por una mujer en solitario; de la portada de su quinto disco *Hounds of Love* (1985), todo ello meses antes que la cuarta temporada de la serie *Stranger Things* de Netflix rescatara su *single* principal, *Running Up That Hill*, y lo catapultara a los primeros puestos de las listas de ventas de todo el mundo en 2022. Suena en la radio del coche de Rosalía en un vídeo publicado al día siguiente de su trigésimo cumpleaños. «With no problems».

Es la patrona de todas las motomamis y los motopapis.

Perfor

«De los trece a los veintitrés años me dediqué solo a la música y dejé la danza de lado. Me acostumbré a cantar sentada, porque así es como se hace en el flamenco tradicional», explicaba Rosalía a *Billboard* en 2019. Pero su visión para *El Mal Querer* la devolvió al baile, la música le pedía movimiento. Reclutó a la estadounidense Charm La'Donna, bailarina en el Confessions Tour de Madonna en 2006 y coreógrafa del DAMN. Tour de Kendrick Lamar en 2017, y junto a las bailarinas que después serían conocidas como Las 8 Rosas —entre ellas su amiga Luisina Sánchez—, en la fábrica de creación de Barcelona Fabra i Coats, dieron cuerpo a *Malamente*, *Pienso en tu mirá* y a la gira de presentación del álbum. «Me hace mucha ilusión reconectar con esta parte de mí porque siempre he bailado, desde que era pequeña. Y bailar es una de mis formas favoritas de despreocuparme y de estar feliz», decía en el

mance

minidocumental autoproducido que avanzaba el proyecto. Charm La'Donna recibió en 2019 un MTV Video Music Awards por la coreografía del videoclip de *Con altura*. Para el Motomami World Tour y la previa que fue el preestreno de *Motomami* en TikTok, Rosalía se rodeó de nueve bailarines con currículums que incluían trabajar con Dua Lipa, The Weeknd, Bad Bunny, J Balvin, Karol G, Selena Gómez, Lil Nas X y Rauw Alejandro, y en el Savage x Fenty Show de Rihanna, *aka* los motopapis. La dirección de movimiento estuvo a cargo de Mecnun Giasar, coreógrafo alemán con raíces griegas y turcas, que ha bailado con BTS, Pitbull y Busta Rhymes, y que después repetiría el papel de director de movimiento en The Celebration Tour de Madonna.

Pilar

Rosalía tiene dos pilares en su vida, literal y figuradamente, para sostenerse y mantener los pies en el suelo: su madre Pilar Tobella y su hermana Pilar Vila. «Mi madre y mi hermana son como pilares para mí. Están siempre ahí, como un faro. Son mujeres muy fuertes, que me inspiran y que siempre me acompañan en todas las aventuras que les propongo», recogía en 2020 *La Vanguardia*. «Yo era una niña muy activa, así que inevitablemente llegaba un momento en el que después de pasarme el día corriendo y saltando, me caía de cansancio, y ella siempre estaba allí para recogerme», explicaba a propósito de su madre a *Buffalo Zine* en abril de 2024. Rosalía siempre la ha presentado como a la motomami original: «Y yo soy una motomami porque mi madre es una motomami y la madre de mi madre es una motomami y la madre de la madre de mi madre era una motomami también», rezaba el vigésimo y último mandamiento. También la ha identificado como a un icono de estilo: «Cuando yo era pequeña la veía con su pelo rubio rizado, su chaleco de cuero negro, montada en su Harley», afirmaba durante la promoción de *Motomami* en México. Pilar Tobella es la administradora única de Motomami SL, sociedad que creó en enero de 2019 para gestionar económicamente la carrera de su hija, y que cerró 2022 con 3.680.098 € de ingresos y 691.309 € de beneficios, experimentando una subida del 270 por ciento respecto al ejercicio anterior, según *El Confidencial*. Antes era la directora comercial de Suprametal, la empresa familiar de fabricación de placas identificativas metálicas que había fundado su padre. El otro pilar, Pili (o *la* Pili: ella tampoco necesita apellido), es, además de su hermana mayor —se llevan tres años—, su estilista. «Yo creo que sería una artista diferente si Pili no fuera mi hermana —admitía Rosalía en 2022 en el pódcast *La pija y la quinqui*—. He tardado muchos años en aceptarlo, pero Pili es una de mis musas. Mi gusto se ha refinado, gracias a Dios, con el tiempo que hemos estado compartiendo.» Pili recuerda que jugaron juntas en el primer equipo de fútbol sala femenino de Sant Esteve Sesrovires, Rosalía de delantera y ella de defensa, lo que le parece una metáfora de sus vidas. Su vínculo va más allá de lo familiar y lo profesional. «Es mi mejor amiga, pero también mi vía de escape», decía a *Vogue* en 2018. Y así continúan.

Pili recuerda que jugaron juntas en el primer equipo de fútbol sala femenino de Sant Esteve Sesrovires, Rosalía de delantera y ella de defensa.

Pimpear

«¿Tú eres el que pimpea o te pimpean a ti? Yo elegí mi lado desde el día en que nací», advierte Rosalía en *Bizcochito* que no le van a chulear, que nadie se va a aprovechar de su talento. «A las mujeres es difícil que se nos visibilice el trabajo que hacemos, especialmente si componemos y producimos —explicaba durante la promoción de *Motomami*—. Ser muy transparente con los créditos y acreditar a todo el mundo va en detrimento de que se ponga luz sobre las mujeres que escribimos y componemos. Porque la gente, muchas veces, si ve en una lista de créditos a un hombre o un par y a una mujer, da por sentado que los hombres han hecho el 80 por ciento de todo.» Colaborar con productores como Noah Goldstein, Pharrell Williams, Frank Dukes, o el Guincho, todos hombres, no ha restado control creativo a Rosalía: ni se te ocurra ni pensarlo. «Si estamos en el estudio y una amiga se viene con su madre, si su madre me dice nosequé que me hace repensar algo, aunque sea un 1 por ciento de la canción, yo voy a acreditar a su madre, claro. Tal es la confianza que tengo como música que pongo a todo el mundo, aunque hayan hecho un 1 por ciento o un 0,01 por ciento de lo que sea, porque esa es mi ética como música y porque pienso que las cosas son siempre un esfuerzo colectivo.»

POPSTAR

En 2018 Jon Caramanica teorizaba en *The New York Times* el advenimiento de un nuevo tipo de estrella del pop vinculado al cambio de paradigma que significó el consumo de la música en *streaming*. Características: tan capaces de cantar como de rapear, sus producciones beben del *hip-hop* y toman prestadas ideas de géneros musicales de todo el mundo, sacan partido de cantar tanto en canciones propias como ajenas, tienen tanto talento para presentarse en el estudio como en redes sociales e incorporan el bilingüismo. ¿Os suena a alguien? (la Rosalía, uh). Pone como ejemplos destacados a Drake, Bad Bunny y BTS, reyes del *streaming*, todos hombres, ninguno blanco. También apunta a Ed Sheeran, Rihanna y Beyoncé, pero no llegó a tiempo de anticipar la conquista global de la motomami. Lo que también define a estas popstars 2.0 (salvo en el caso del *k-pop*) es su control total sobre su producto, su rol de líderes de proyecto, además del de autor, intérprete y productor. «Nunca he visto a una artista preocuparse tanto por los detalles —decía su entonces mánager Rebeca León en *Variety* en 2019—: está inmersa en todo, desde sus vídeos a las mezclas de sus canciones, pasando por el aspecto de sus uñas. Escribe, arregla, produce, baila, incluso ensaya para los ensayos. No hace otra cosa [que trabajar]. Le decimos: "Oye, tienes que tomarte un día libre", y ella contesta: "¿Por qué?".» «Mi familia siempre me pregunta: "Rosalía, ¿cuándo vas a parar?" —declaraba el mismo año a *Billboard*—. Y yo digo: "Nunca voy a parar. Voy a seguir grabando y disfrutando de este momento".» Años más tarde, se preguntaba Laura Snapes en *The Guardian*, a propósito de los recientes álbumes de Billie Eilish, Lorde, Lizzo, si ser una *popstar* en 2021 se había convertido en algo insoportable, por el escrutinio al que se sometía a estas mujeres jóvenes, su privacidad un preciado bien escaso, la visibilidad un peaje a sumarse a las presiones comercial y estética. Mensajes que impregnaban esos álbumes, y que Rosalía abordaría en *Motomami*, en equilibrio con el discurso opuesto («Y sí, la fama es una condena, pero dime otra que te pague la cena»).

«Escribe, arregla, produce, baila, incluso ensaya para los ensayos.»

Q de Qué

Dice el diccionario de la Real Academia Española que una reinona es una mujer que se distingue por una personalidad y una presencia física dominantes. Una motomami, vaya. Pero la segunda acepción se aplica a un «hombre, generalmente homosexual, que se disfraza de mujer de una manera muy llamativa». Una consulta trasladada a Fundéu, la fundación para el buen uso del español en los medios, preguntaba si existe un término en español para *drag queen*, y si podría ser «reinona». El mandamiento número dieciocho dice que: «Si una motomami diseñara tacones, los haría también del 44». Y cuando en su *Abcdefg* Rosalía dice que la Q es de «qué reinona», es un *saraut* a las motomamis que calzan un 44, y a los motopapis que se puedan sentir interpelados por este epíteto. Rosalía es venerada como madre por el colectivo homosexual desde su consagración con *El Mal Querer*, ya sea como proyección de la narrativa de opresión, resiliencia y superación común a la experiencia *queer* que encarnan las divas pop o como expresión de una feminidad fuerte y aspiracional en un patriarcado que reprime lo femenino. «En mi entorno y en mi equipo hay muchos muchos creativos que son gais, y la mayoría de mis amigos chicos también lo son. Es algo que forma parte de mi vida —decía Rosalía a *Shangay* preguntada por su estatus de icono entre la G de LGTBIQ+ en 2018—. Es inevitable que se me considere diva gay, porque estoy en contacto permanentemente con chicos que se sienten cómodos con su lado femenino, y con los que conecto. Todo eso también influye en mi manera de vivir la feminidad y el poderío.»

Rosalía es venerada como madre por el colectivo homosexual.

reinona

Quinqui

En la escena final de *Deprisa, deprisa* (1981), Ángela, la única superviviente de la banda de delincuentes juveniles protagonista, mete fajos de billetes y una pistola en una bolsa de deporte y abandona un bloque de pisos del extrarradio mientras suena *Me quedo contigo*, de Los Chunguitos, la que Rosalía cantó en la ceremonia de los Premios Goya 2019. «Deprisa, deprisa» —además de una barra de *Dolerme*— es el imperativo que acompaña el robo de un coche al inicio del film, y el mantra de una generación perdida que no tenía tiempo que perder: José Antonio Valdelomar y Jesús Arias, los actores no profesionales que le hacían el puente al Seat 131, morirían en 1992 con poco más de treinta años como consecuencia de la adicción a la heroína («Vivo rápido y no tengo cura. Iré joven pa' la sepultura»); en 1981, año del estreno de la película,

El arquetipo del quinqui como forma de vida aspiracional basada en la delincuencia y la evasión se actualizó en encarnaciones poligoneras en la década de 1990 y los dosmil.

ingresaban en prisión por primera vez de muchas por el atraco de sendas sucursales bancarias. *Deprisa, deprisa* valió a su director Carlos Saura el Oso de Oro en la Berlinale, y es uno de los hitos del cine quinqui, que a finales de 1970 y principios de 1980 retrató la delincuencia juvenil del extrarradio. En el contexto del desarrollismo en España posterior a la muerte del dictador Francisco Franco, el sueño capitalista les apremiaba y recurrían al crimen para realizarlo, y mientras no podían huir de la vida *no future* a la que les condenaba su nacimiento, se ausentaban de ella con el consumo de drogas. El arquetipo del quinqui como forma de vida aspiracional basada en la delincuencia y la evasión se actualizó en encarnaciones poligoneras en la década de 1990 y los dosmil, y traperas en la década de 2010, y alimentó el imaginario de Rosalía en la era de *El Mal Querer*, como desarrolla Mery Cuesta en *La Rosalía. Ensayos sobre el buen querer*. Mención especial merece el single *Juro que* (2020), unos tangos de amor presidiario en la tradición del flamenco carcelario y la rumba quinqui, enraizada al origen marginal y subversivo de estos géneros, con un videoclip que recrea la visita de Rosalía a un locutorio penitenciario para ver a su amado, interpretado por el actor Omar Ayuso, dirigido por Tanu Muino (directora también del vídeo de *Chicken Teriyaki*). «Que si no sales tú, entro yo. Atraco un banco esta noche y que me lleven pa' prisión.»

r de Racineta

«Voy a ciento ochenta porque soy una *racineta*. Te distraes y yo te adelanto por la derecha», canta Rosalía en *Despechá*, arriesgándose a que la Dirección General de Tráfico la multe con doscientos euros y le retire cuatro puntos del carnet, porque el adelantamiento debe efectuarse siempre por la izquierda. En 2022, dos meses después de la publicación de *Motomami*, donde la R de *Abcdefg* es de *racineta*, pero a más de dos meses de su uso en *Despechá*, a la pregunta por el significado de la palabra en Twitter, Rosalía respondió que una *racineta* es «una chica que se va de *racing*». Además de ser una motomami en su acepción más literal, Rosalía ha declarado que a ella le gusta la gasolina, y ha subido posts en redes manejando desde un *quad* a un vehículo militar. Conduce un Ford F-150 Raptor con el interior tapizado en rosa y su nombre y la barra de *Saoko* «Yo manejo, Dios me guía» bordados, en el que cantó *Despechá* en los franceses NRJ Music Awards de 2022. Y en sus canciones ha mencionado coches de lujo Bentley (*Milionària*), Ferrari (*Vampiros*) y Lamborghini (*Diablo*, quizá en referencia al Lamborghini Diablo de Rauw Alejandro). En 2023 protagonizó una campaña de la marca de coches deportivos Cupra —heredera de Seat y con sede en Martorell, a seis kilómetros de su Sant Esteve Sesrovires— en la que reinterpretaba *Abcdefg*. «*Driving speed limit* DGT o quemando rueda sin carnet», cantaba en *A palé*, pero desde enero de 2024 Rosalía tiene también permiso de conducción estadounidense, otorgado por el estado de Florida, al cual pertenece Miami. La palabra da nombre a la empresa que, según Europa Press, Rosalía fundó en abril de 2024, Racinetas Productions, que tiene como objeto la organización, promoción y producción de eventos, conciertos y actividades culturales, y que tiene la sede en el edificio del Distrito Cultural de l'Hospitalet de Llobregat en el que tiene previsto instalar su estudio de sonido. Motomami SL es el único socio de la empresa, y Pilar Tobella, su madre, la administradora única de las dos.

En 2023 protagonizó una campaña de la marca de coches deportivos Cupra, heredera de Seat y con sede en Martorell, a seis kilómetros de su Sant Esteve Sesrovires.

RANGO

«R de *racineta, racineta,* rango, *racineta*, rango», recita Rosalía, recreándose en la vibración de la R, sin decidirse por cuál de las dos palabras elegir. El rango hace referencia de manera genérica al nivel o categoría, en el caso de una persona, con respecto a su situación social o profesional, y puede ser alto, medio o bajo. Pero cuando se habla de una persona con rango se refiere de manera específica a alguien con una situación social elevada, como la que ha logrado Rosalía. «De la noche a la mañana, no es que yo cambié. De la noche a la mañana, mi vida se me fue», resume en *Diablo*, aunque siempre se ha manifestado segura de sus aspiraciones. «Tengo muy claro que no soy convencional, pero también lo que quiero hacer. Solo necesito el tiempo y la estructura para conseguirlo», decía a *Vogue* en 2018. «Puñaladitas da su ambición, en el pecho afilada, es lo peor»,
pone en boca de The Weeknd en *La fama*.
Y continúa ella: «No hay manera de que esta obsesión se me fuera, ya desaparezca. Yo aún no he aprendido la manera». Quizá el rango conseguido a raíz de *Motomami* haya conseguido apaciguarla.

El rango de una persona lo da su situación social o profesional.

Reguetón

«Vestida con F de Fendi, bailando Plan B, la de *Candy*. Así tú te prendaste de mí el día en que yo te conocí.» Rosalía se dio a conocer cantando flamenco, y fue su mezcla de cante y música urbana que llegó al gran público en España. Pero igual que quien se prendó de ella en *Candy* lo hizo al son del reguetón del dúo portorriqueño Plan B, mucha gente se prendó de ella con su perreo de vanguardia. «No creo que ninguna música sea mejor que otra y el reguetón ahora se recibe como cualquier otra —respondía en Primavera Sound 2019 a un periodista, inquieto por su acercamiento a esta música de baile caribeña—. Tiene un alcance muy grande, es pop de hoy en día, hay artistas de muchísimo nivel. Se puede disfrutar de todo tipo de músicas, porque la música tiene muchas funciones y contextos, y el reguetón te hace bailar, pasártelo bien. Hay reguetón más romántico, más agresivo, de todo tipo, y las temáticas están evolucionando, a diferencia del reguetón original, más primario. Cada vez se está recibiendo con menos prejuicio, y celebro que así sea, no solo con el reguetón, sino con todas las músicas en general.» Era aún reciente la colaboración con J Balvin *Con Altura* y estaban aún por venir *Yo x ti, tu x mi* con Ozuna, *La noche de anoche* de Bad Bunny y el *remix* de *Relación* de Sech junto a Balvin, Farruko y Daddy Yankee, a quien se atribuye acuñar el nombre del género en una *mixtape* de DJ Playero en 1991, un año antes de que naciera Rosalía. «Ella es como Don, yo soy Daddy», canta Rauw Alejandro en *Vampiros*, identificándola a ella con Omar, el rey del reguetón.

Riesgo

En la serie de vídeos autoproducidos con los que documentó *El Mal Querer* (2018), Rosalía admitía estar «corriendo mucho riesgo» para tirar adelante su proyecto: «Estoy dejándome todo lo que tengo, lo estoy poniendo aquí. Estoy a números rojos». Pero, aunque el riesgo económico haya sido relevante en los inicios de la carrera de Rosalía, cuando aún no había firmado ningún acuerdo discográfico, mucho más interesante es el riesgo artístico en el que ha incurrido en cada uno de sus álbumes. *Los Ángeles* (2017) era un disco de flamenco heterodoxo en el que los cantes se abordaban como canciones. Con una reputación construida como cantaora alternativa, mutó en diva flamenco-pop en *El Mal Querer* (2018), con un cambio de imagen que la ubicaba en la música urbana. Y se transformó en artista de vanguardia en *Motomami* (2022), favoreciendo *looks* que significaban un cambio radical (pelo rojo, grillz en los dientes, el cuerpo recubierto de purpurina) en concordancia con la originalidad de la música. Canta Rosalía en *Sakura*: «Solo hay riesgo si hay algo que perder». Y ella tiene claro que este es un riesgo que quiere correr: «Que si estoy en esto es para romper y si me rompo con esto, pues me romperé».

Rosalía

La R es de Rosalía, también. Su nombre artístico, en castellano, con tilde, pronunciado [rosalía], con el sonido de la O y la S sorda, y de Rosalia, el nombre que le pusieron al nacer, en catalán, sin tilde, pronunciado [ruz□li□], con el sonido de la U y la S sonora, como la llama su abuela en el audio al final de *G3 N15* («Que complicat és el món en què s'ha ficat la Rosalia»), o como su *ad lib* en *Milionària*. «Eres única, mamacita Rosalía», le canta Ozuna en *Yo x ti, tu x mi*. «Tú te pensaste que tú me tenías, pero nunca me tuviste, soy la Rosalía», canta ella las cuarenta en el remix de *Relación*.

Rosalía y Rauw Alejandro titularon con la doble R de las iniciales de sus nombres de pila el EP colaborativo que combina el reguetón —romántico en *Beso*, duro y vanguardista en *Vampiros*— con el bolero de *Promesa*. Era el fruto artístico de su relación sentimental, que hicieron pública en septiembre de 2021, coincidiendo con el cumpleaños de Rosalía. Publicado el 24 de marzo de 2023, la presencia de la doble R en la cuenta paralela de Instagram de Rosalía @holamotomami se remonta a febrero de 2021: en la foto de una caja que parece un *moodboard* para el videoclip de *Vampiros* —en el que Rosalía viste un top en forma de cruz cristiana que remite al tatuaje abdominal de Raúl y a una foto que hay en la caja— se aprecian impresiones del logo de Rolls Royce con dos R unidas que Rosalía postearía pocos días después, y que en junio mostraría llevar tatuado en la planta del pie. Lo que apunta que Rosalía y Rauw Alejandro habrían concebido la colaboración simultáneamente a la grabación de *Motomami* en Los Ángeles, que terminó en mayo de 2021. Aunque con poca repercusión crítica, *RR* supera los 500 millones de *streams* en Spotify (el tercer trabajo de Rosalía en conseguir esta marca después de *Motomami* y *El Mal Querer*), y es uno de los EP latinos/españoles más escuchados en la historia de la plataforma. Está en el top 5 de mejores debuts de un proyecto femenino latino/español en Spotify, después de *Mañana será bonito* (Karol G), *Motomami*, *KG0516* (Karol G) y *Versiones de mí* (Anita), y en el top 5 de mejores debuts de álbumes o EP de artistas españoles en la historia de Spotify España, después de *Donde quiero estar* (Quevedo), *Motomami* y *El Madrileño* (C. Tangana), y antes de *El Mal Querer*. *Beso* suma siete discos de platino y 650 millones de *streams* en Spotify, fue la octava canción más escuchada en España en 2023 en esta plataforma, y es la canción de Rosalía que ha logrado hasta ahora una posición más alta en el Billboard Hot 100™ estadounidense. Su videoclip suma alrededor de 200 millones de visionados en YouTube y se encuentra en el top 10 de vídeos más vistos de Rosalía en la plataforma, por encima de *Malamente*. Incluye fragmentos de vídeos personales de la entonces pareja, entre ellos su petición de mano, aunque Rosalía ya se refiriese a Raúl como su prometido en @holamotomami en enero de 2021. Cuatro meses después de la salida de *RR*, la revista *People* publicó la exclusiva del fin de su compromiso, que los dos artistas ratificaron en sus redes sociales.

Rosalia y Rauw Alejandro titularon con la doble R de las iniciales de sus nombres de pila el EP colaborativo que combina el reguetón con el bolero de *Promesa*.

RUMBA CATALANA

«Cocinar me pone feliz, me pongo una *playlist* de rumba catalana y vamos que nos vamos», posteaba Rosalía en 2021. Su incursión en este género musical autóctono de Barcelona de base flamenca, influencia latina y americana y paternidad gitana la había hecho ya en 2019 con *Milionària*, *single* principal del díptico *Fucking Money Man* con el maldito parné —préstamo del caló deliberado— como hilo conductor. Se origina a mediados del siglo XX en los barrios con presencia gitana de la capital catalana, el Raval y Gràcia, cuando los llamados patriarcas de la rumba desarrollan el ventilador, una técnica de toque de la guitarra que combina el rasgueo de las cuerdas con la percusión de la caja, y que le imprime su carácter festivo. Una fusión urbana, como la salsa, se desarrolla en la década de 1970 con Antonio González el Pescadilla, guitarrista y marido de Lola Flores, y Peret, el llamado rey de la rumba, que reivindicaba otros dos monarcas como influencias: Elvis Presley, el rey del rock, y Pérez Prado, el rey del mambo. Apareciendo y desapareciendo como *El muerto vivo* de Peret («y no estaba muerto no, no: estaba tomando cañas»), la rumba catalana vive momentos de auge como los noventa —es la banda sonora de los Juegos Olímpicos de Barcelona en 1992, el año en el que nace Rosalía—, pero también fases de olvido, reivindicación y redescubrimiento. Cantada en catalán, su lengua materna, Rosalía se llevó algunos palos (y no precisamente flamencos) por incluir en la letra de *Milionària* palabras no normativas pero de uso común, prestadas del español y catalanizadas. La polémica debe entenderse en el contexto de proteccionismo del catalán, lengua minoritaria en convivencia desigual en forma de bilingüismo con el español, uno de los idiomas más hablados en el mundo. Pero comprender de dónde salen las críticas no les resta miopía: con más de 80 millones de *plays*, *Milionària* es la canción en catalán más escuchada en Spotify, cuatriplicando las dos siguientes. Y si Rosalía canta en *spanglish*, no debería extrañarnos que lo haga en *catanyol*. «Cava o xampany, *poppin' botelles*.»

Sacáis

«Como las hojas de un cuchillo brillaban los sacáis suyos cuando le di el anillo», canta Rosalía en *Que no salga la luna*, el sonido metálico de un navajazo subrayando la mención al filo, oscura metáfora en la línea del carácter agorero de la canción sobre una boda maldita para referirse al brillo de los ojos, que es lo que son los sacáis en la lengua del pueblo gitano. Fue Niña Pastori con *Tú me camelas* quien popularizó entre la gente paya la palabra del caló para los ojos: «Me lo han dicho tus sacáis» cantaba en 1995, la mirada como el corazón delator. Rosalía, que incluye a Niña Pastori en la lista de bendiciones de sus *Bulerías* —junto a José Mercé, Lil' Kim, Tego Calderón, M.I.A., su familia y la libertad— también usa el verbo camelar, préstamo del romaní al español, en el sentido de querer del éxito de la Pastori, en *De aquí no sales (Cap. 4: Disputa)* («Yo que tanto te camelo y tú me la vienes haciendo»), de *El Mal Querer*, y en *Por mi puerta no lo pasen* («Las entrañas mías, por ti las daré, que yo me encuentro pagao con que tú me cameles bien»), de *Los Ángeles*.

SAKURA

La primera vez que se usa *pop star* para referirse a una persona que se ha convertido en una celebridad como intérprete de música popular es en 1922 en *Broadway Brevities*, el primer tabloide de cotilleos estadounidense. Un siglo después Rosalía lo canta en *Sakura*: «Ser una *popstar* nunca te dura». Como en el *hanami*, la tradición japonesa de admirar los cerezos en flor (*sakura*), la canción reflexiona sobre la brevedad de la vida. El carácter efímero de esta flor conecta con el principio estético y filosófico japonés del *mono no aware*, la conciencia conmovedora de la impermanencia de las cosas, y encarna el equilibrio entre el gozo de la belleza de la vida y la melancolía por su naturaleza transitoria. Según *the iron law of stardom*, principio formulado en 1997 por Louis Menand en *The New Yorker*, el estrellato —el período en la vida de un artista en el cual su personalidad intersecciona de manera perfecta con la historia— es efímero y se basa en un ciclo de tres años. The Beatles habrían constituido la primera excepción a la regla, pero su reinado se habría dividido en dos ciclos —flequillos y estribillos (1964-1967) y *hippies* y vanguardia (1967-1970)— en los que habrían sido casi dos grupos distintos, sentando el precedente de la necesidad de reinventarse («yo me transformo») en distintas eras para desafiar esa ley. La brevedad de la belleza del cerezo en flor también encarna el *wabi-sabi* (que Rosalía menciona en *Vampiros*), el principio estético nipón que aprecia la imperfección y la impermanencia. La flor de *sakura* es como ser una *popstar*: nunca te dura. Y la canción, más que lamentarlo, encuentra la belleza en esta inmanencia: «No me da pena, me da ternura». La brevedad de la flor te invita a disfrutar del momento presente, y a aceptar el ciclo natural de florecimiento, decadencia y muerte. «No pa' siempre puedes ser una estrella y brillar. Voy a reírme cuando tenga ochenta y mire para atrás», una barra que desafía el edadismo actual, que afecta especialmente a las mujeres, y sobre todo a las estrellas del entretenimiento. Posteaba Rosalía en Instagram a propósito de su trigésimo primer cumpleaños que estaba «disfrutándose esto de hacerse mayor». Sin embargo, aunque acepte y aprecie la brevedad de la vida como la de la belleza de la flor de *sakura*: «Esto es pa' que quede, lo que yo hago dura». La vida es efímera, pero la obra permanece. Con altura.

S de Saoko

> «Tenía ganas de que hubiera una canción inspirada en reguetón con detalles de jazz.»

No es que sea su canción favorita de *Motomami*, pero sí la última que compuso para el álbum y la que lo sintetiza. «Pues te diría que esta canción, en verdad, pasó», verifica Rosalía en Genius. Y como diría Daddy Yankee, lo que pasó, pasó. Estaba en el Electric Lady Studio de Nueva York trabajando con Lil Uzi Vert, el rapero se puso enfermo y la canción surgió entre ella y su ingeniero David Rodríguez a partir de un *riff* al piano que Rosalía improvisó, contó a Apple Music. «Era de noche y hacer este *beat* me pareció tan divertido como conducir un Lambo —relataba en la nota de prensa del lanzamiento—. Este piano luego lo distorsioné y añadí baterías clásicas de reguetón de una librería que NaisGai [productor de Rauw Alejandro] me había mandado hacía tiempo, que por cierto es algo muy especial para mí porque esta librería lleva tiempo pasando entre productores de unas generaciones a otras.» De Puerto Rico pa' Barcelona, el Caribe latino y sus artistas como inspiración. «Tenía ganas de que hubiera una canción inspirada en reguetón con detalles de *jazz*. Me encantaría que esos dos géneros se reconciliaran entre ellos, porque siento que a quien le gusta el reguetón no le gusta el *jazz*, y que a quien le gusta el *jazz* no le gusta el reguetón. A mí me encantan los dos y *makes sense* para mí.» Se ve que para David Rodríguez no tenía tanto sentido, pero él dijo OK, que por algo ella es la patrona. «Lo primero que me venía a la cabeza era hacer un *sample* como homenaje a una canción clásica de reguetón», el «saoco, papi» del tema homónimo de Wisin con Yankee. Cuenta Rosalía que les tomó prestado el título porque *saoco* es una palabra de origen africano que significa energía y movimiento, en argot puertorriqueño sinónimo de la sabrosura. «Yo lo que quería es que ante todo se sintiera la energía. Tiene que ver con sentirte imparable, con sentirte que eres la hostia, que se dice en mi país.» O la pámpara, que dicen en República Dominicana.

Si no lo entienden, ya lo entenderán

«No se parece a nada que hayamos visto. Pharrell la llama unicornio», decía en 2019 a *Variety* sobre Rosalía su entonces mánager, Rebeca León. Pero ser un animal fantástico no es fácil. Sobre todo si en tu cabeza en lugar de un cuerno tienes una visión. Contaba Rosalía a propósito de *Saoko* en Apple Music que ella hacía tiempo que veía claro hacer una canción de reguetón con toques de *jazz*, pero que cuando lo había planteado la habían tratado de loca porque eso no iba a funcionar. Y cuando surgió la canción una noche en el Electric Lady Studio de Nueva York con el ingeniero de sonido David Rodríguez, este después le confesó que, cuando ella había planteado la idea de unir perreo y *bebop*, a él le había parecido una marcianada. Pero *fuck* el estilo, cógelo y córtalo, y ya: el experimento funcionó, tal como ella había anticipado. Ser una persona visionaria tampoco es fácil: que se lo digan a la clarividente pero siempre incomprendida Casandra, a quien tomaron por loca cuando advirtió que el caballo traería la ruina si entraba a Troya («tú te confías y ardió, uh, no»). Al ver entrar el equino gigante de madera debió pensar lo mismo que Rosalía ante el piano de pared del Electric Lady: si no lo entienden, ya lo entenderán.

Span

Para que Rosalía pudiera «bajar con un *flow* nuevo de caja, *baby*, hackeá'», primero Madonna tuvo que soñar con San Pedro. En un siglo XXI extremadamente *online* en el que el *scroll* infinito nos ha acostumbrado a incorporar palabras en inglés *on a regular basis*, puede sorprender que cuando la Blonde Ambition publicó *La Isla Bonita* en 1987, las frases en español («Te dijo: "te amo"») resultasen tan exóticas como el toque de la guitarra flamenca. A principios de la década de 1990 la radiofórmula en España era más europea que latina, pero eso estaba a punto de cambiar con la apuesta de la industria por un mercado de pop iberoamericano. Es en esa década cuando en los *charts* empiezan a oírse ritmos latinos y también *spanglish*, la forma de hablar de los hispanos de Estados Unidos que mezcla inglés y español. En la lista de canciones que llegaron al número 1 en 1992, el año en el que nació Rosalía, entre Michael Jackson, Nirvana y Bruce Springsteen, los pocos títulos en castellano eran producciones *mákina* (*De Puta Madre*, de Terra Wan; *Química*,

GLISH

de Chimo Bayo). En la lista de 1990 se había colado la seminal *Mi abuela* (1989), de Wilfred y la Ganga, predecesor puertorriqueño del rap de *El príncipe de Bel-Air* (1990-1996), en la que el protagonista llega a Nueva York y su *brother* lo envía pa' casa de su abuela, donde en lugar de *hamburger* y *hot dog* se come vianda y arroz con habichuelas. En verano de 1996, el inevitable recopilatorio *Caribe Mix* hizo ubicuo en España el «no pares, sigue, sigue» de *El Tiburón* (1993), de los *nuyorriqueño* Proyecto Uno, que mezclaban tanto merengue con *hip-hop* como español con inglés. A finales de ese año, la *Macarena (Bayside Boys remix)*, la versión del *megahit* de los sevillanos Los Del Río que incorporaba una base *techno* y barras en inglés (*When I dance they call me Macarena and the boys they say* que estoy buena) llegó al número 1 del Billboard Hot 100™ estadounidense convertida en fenómeno global con coreografía pre-TikTok incluida. En 1998 Enrique Iglesias —hijo del primer español capaz de *make it big in America*— lo lograría con *Bailamos* (*Let the rhythm take you over*, bailamos, te quiero, amor mío), y en 1999 el portorriqueño Ricky Martin lo haría con *Livin' la vida loca*. «Habré escrito buena parte del disco en Miami, L.A. y New York —decía Rosalía sobre *Motomami* en Genius, sin traducir el nombre de las ciudades—. Eso hace que el disco tenga palabras en inglés, al estar viajando y estar en un sitio que no es de donde yo vengo. Creo que es bonito que mi música se empape de eso.» Si el *spanglish* se le cuela en las entrevistas, ¿cómo no iba a hacerlo en *Saoko*, *Hentai* o *LLYLM*?

Tatuaje

En el muslo lleva una reproducción del liguero de la artista austríaca Valie Export.

Rosalía no va exactamente «tatuada de pies hasta la nuca» como la protagonista de *TKN*, pero tiene un zigzag de tinta bajo su epidermis que le recorre el cuerpo. En el empeine derecho lleva un mandala, solo visible descalza o con ciertos zapatos. En la planta del pie izquierdo lleva la doble R del logo de Rolls Royce que recuerda su relación con Rauw Alejandro («Voy a tatuarme en la piel tu inicial porque es la mía, pa' acordarme para siempre de lo que me hiciste un día», *A ningún hombre*); en redes se refirió a este como «el tercero». En el muslo lleva una reproducción del liguero que la artista austríaca Valie Export se tatuó en público como parte de su *performance Body sign action* en 1970, una acción radical en una época en la que los tatuajes se asociaban a la masculinidad y a lo marginal, y que llevaba al extremo el poner el cuerpo; una acción performática efímera que lo marcaba de por vida; una reclamación del liguero, objeto de fetichización del cuerpo femenino a través de la mirada masculina, desafiando esta cosificación. Visible en la portada de *Motomami*, Rosalía explicó el origen del tatuaje en redes, y su hermana Pili lo lleva también, según *Vogue*. En abril de 2022 posteó una foto de las palmas de sus manos con la palabra motomami tatuada en las falanges, y el *copy* «Perdó mama»; su madre —se entiende que no particularmente entusiasta de los tatus— respondía con un emoji de resignación. En mayo de 2022, entre fotos de fans con el logo de *Motomami* tatuado, publicó que se lo había vuelto a hacer porque el primero se le había borrado, pero una foto de su palma en abril 2023 con el *copy* «Manos *fitness*» y un emoji de desesperación demostraba que a la segunda tampoco había sido la vencida. En septiembre de 2022 una foto publicada en @holamotomami mostraba el nombre Raul tatuado sobre las costillas en el lado izquierdo. Y retratada por *paparazzi* en Nueva York, una camiseta transparente revelaba en su omóplato izquierdo los versos de Manuel Molina: «Que nadie vaya a llorar el día que yo me muera, es más hermoso cantar, aunque se cante con pena», uno de los cantes del que fue mitad de los icónicos Lole y Manuel, referentes del nuevo flamenco que en la década de 1970 zarandearon el género (como décadas después haría Rosalía). Este cante de Manuel Molina formó parte del repertorio del concierto de presentación de *Los Ángeles* en Primavera Sound 2017.

t de Tra, tra

En noviembre de 2019 la sección Consultas de la Semana de la RAE trasladaba la siguiente duda lingüística: «¿Se escribe "tra, tra", "trá, trá", "tratrá"?». Respuesta: «Entendiendo que cada "tra" es una interjección independiente, lo adecuado es escribir "tra, tra", con coma entre los dos elementos, que se escriben sin tilde por ser monosílabos». Una usuaria de Venezuela preguntaba en el mismo hilo por el significado de la susodicha interjección, a lo que la RAE respondía que «no tiene un significado concreto» y la dirigía a *Malamente*, donde Rosalía lo usa como *ad lib*. El tra, tra de Rosalía puede ser descendiente del tirititrán (tran, tran) de las alegrías flamencas, como las que Camarón de la Isla cantó a *Tus ojillos negros* en el Cirque d'Hiver de París en 1987 con Tomatito al toque. Un tirititrán atribuido al cantaor gaditano Ignacio Espeleta (1871-1938) en la época de los cafés cantantes —cuando se profesionaliza la figura del cantaor a mediados del siglo XIX y principios del XX—, que lo habría improvisado al írsele de la cabeza la letra del cante (porque se había bebido unas copillas e iba un poco motopapi, según contaba el también cantaor Chano Lobato). Pero seguramente el parentesco más directo del tra, tra de *Malamente* es con el reguetón, con el que se asocia desde sus orígenes en Puerto Rico. Don Chezina la menciona 350 veces (como mínimo) en el *banger* seminal *Tra Tra Tra* —no podía llamarse de otra manera—, de 1998. Ivy Queen se dejaba llevar por «el ritmo del tra, tra» en *Yo quiero bailar*, incluida en *The Majestic* (2002), del productor DJ Playero, el padrino del género. Y en *Saoco* (2004) de Wisin con Daddy Yankee —que en *Motomami* se referencia en el tema casi homónimo y en *Bizcochito*— también se perrea tra, tra. En Venezuela pueden no saber qué significa, pero en Puerto Rico lo tienen clarísimo.

TransFORMAción

«Una motomami es muy suya y se transforma», decía el octavo mandamiento de *Motomami*, un álbum conceptual alrededor de la metamorfosis de la artista: por un lado en cada proyecto que emprende, y, por el otro, respecto su antiguo yo anónimo cuando la celebridad modifica su existencia. La segunda idea la avanzó el primer single *La fama*. La primera la avanzó con el segundo, *Saoko*, para el que Rosalía buscó imágenes para expresar la idea de transformación. El agua que cambia de estado al convertirse en hielo. El cielo en el día y la noche. El logo de Lego en sus casi cien años de historia. Kim Kardashian cuando va rubia, bebé. Y por supuesto la metamorfosis de la oruga: «Una motomami tiene las manos de mariposa y brazos y cuerpo de mariposa también». «Las mariposas me dan un poco de miedo, mi hermana lo sabe —confesaba a Genius—. Me gustan mucho, las veo como algo precioso, pero me dan miedo.» Elegir un animal que la asusta como símbolo del álbum era una declaración de intenciones: «Para mí el escenario es lo mismo: las cosas que me dan miedo, siempre ahí que voy». Pero también una forma de abrazar la contradicción. «Si tú aceptas el cambio, aceptas la contradicción, porque lo que antes te parecía bien o era un principio para ti, a lo mejor si cambias, ya no lo es. No hay nada más excitante para mí que el cambio y la transformación, porque pienso que la gente tiene una idea muy rígida de quiénes son los demás.» Y cuando el caballo entra a Troya, tú te confías y ardió: Rosalía, la cantaora para no flamencos, la del tra, tra, sale del capullo como Venus con atracón de sabor. Uh, no. *Me*: «Yo soy la misma haga lo que haga, sea el género que sea», decía en 2016 a Jenesaispop. *Also me*: «Me contradigo, yo me transformo».

30 Treinta

Rosalía entró en su tercera década en 2022. «Libra desde el 92 dando guerra. Hoy feliz de estar con los míos, agradecida por todo lo aprendido y todo el amor recibido. NO VOY A bajarle hasta que DIOS digaaaaaa», posteaba una foto en Nueva York, comiendo un pastel con *frosting* lavanda a conjunto con su *outfit* para celebrarlo. Para nada parecía afectada por la crisis de los treinta que sufren algunas personas cuando llegan a esta edad incuestionablemente adulta, si sienten que no han cumplido con ciertas expectativas personales o profesionales. Rosalía cumplía los treinta con tres álbumes a sus espaldas, diez números 1 en España, seis canciones en el Billboard Hot 100™, dos top 10 en el Billboard Global 200, siete top 20 en el Hot Latin Songs, un Grammy y ocho Latin Grammy. Y los treinta le iban a traer un Grammy y tres Latin Grammy más. Le dijo a Zane Lowe que no estaría haciendo discos con ochenta años («Voy a reírme cuando tenga 80 y mire pa' atrás», *Sakura*), pero que esperaba hacerlo hasta los setenta. «Si tienes sesenta y te endiablas cuando una mujer frontea es que no has aprendido nada, es que tienes un problema», canta en *Sakura*, donde afirma sobre el carácter efímero de la juventud «no me da pena, me da ternura». Cuando cumplió los treinta y uno posteó que estaba «disfrutándose esto de hacerse mayor». *Facts*: Beyoncé publicó *Lemonade* (2016) a los treinta y cinco, y *Renaissance* (2022) y *Cowboy Carter* (2024) cumplidos los cuarenta.

El tercer *single* post-*Motomami*, *Tuya*, es un reguetón romántico con final feliz de *techno* a 170 BPM que incorpora el *koto*, o arpa japonesa, el instrumento nacional del país nipón, en concordancia con la carta de amor a Tokio que es su videoclip. El estribillo: «Solo esta noche soy tuya, tuya. Solo esta noche eres mía, mía» llevó al *fandom* de Rosalía a especular si la canción podía hacer referencia a una relación romántica real con otra mujer, llegando a conjeturar que sería la actriz Hunter Schafer. «A mí como escritora me gusta que cada uno se monte su propia película. Esa es la gracia. Como compositora tiro de ficción y también de historia personal y no voy a romper la magia diciendo esto es ficción y esto es personal, pero la mayoría de las veces está mezclado», respondió Rosalía a los rumores en el programa *Anda Ya* de Los40, sin confirmar ni desmentir nada. Desde que coincidieron en el *front row* de Burberry en la Semana de la Moda de Londres en

Tu

septiembre de 2019, se las vio juntas varias veces en público. Schafer fue su acompañante en el evento Women in Music de *Billboard* en diciembre de 2019, en el que Rosalía recibió el premio Rising Star a la artista emergente; al recogerlo agradeció a Hunter que la acompañase y le dedicó en público un «*I love you so much*»; es de esa noche la foto que Rosalía publicó donde aparecen en un sofá Chesterfield haciendo la cucharita. En septiembre de 2021 posaron abrazadas en la primera Met Gala de Rosalía. Entre una y otra, un post en @holamotomami de los créditos del episodio especial de *Euphoria* dedicado a Jules, el personaje que interpreta Schafer, coescrito por la actriz junto al creador de la serie, Sam Levinson, poco después de su estreno a finales de enero de 2021. En abril de 2024 Hunter Schafer confirmó, con el consentimiento de Rosalía, que salieron durante cinco meses en otoño e invierno de 2019, en una entrevista a *GQ*. «Se ha especulado durante tanto tiempo... Parte de nosotras quiere ponerle fin, y otra parte dice: "¡No es el puto asunto de nadie!". Pero es algo que me alegra compartir. Y creo que ella también lo siente así.» No se ha relacionado a Schafer con el single *LLYLM*, siglas de «*lie like you love me*» («miente como si me quisieras»), pese a su estribillo en inglés precedido por las barras: «Yo soy de aquí y tú eres de allá. Lo diré en inglés y me entenderás».

ya

de Ultrasonidos

La U es de ultrasonidos, las emisiones sonoras con una frecuencia de vibración superior a los 20.000 hercios, el límite perceptible por el oído humano. Perros, gatos, delfines, murciélagos y saltamontes, entre otra fauna, pueden percibir estos sonidos inaudibles para las personas, como también la polilla de cera, prima de la mariposa («yo me transformo») y el animal con mayor agudeza acústica. Dentro de las limitaciones físicas de nuestro oído, si hay un oficio que requiere un talento especial para la escucha es la producción musical. «Seamos realistas: producir no es muy divertido, y quien te diga lo contrario, está mintiendo —afirmó Rosalía cuando aceptó en 2023 la distinción como productora del año en los premios Women in Music de *Billboard*—. Es dedicar quince horas al día, sin parar, trabajando en el sonido. Surge del amor, tal vez un poco de la obsesión. Y es por eso que te quedas en una habitación pequeña, sin ventanas, mientras todo el mundo a tu alrededor está en casa, relajándose, comiendo algo bueno, riendo, teniendo sexo, viviendo la vida, como un ser humano normal, mientras nosotros estamos en el estudio durante horas y horas y horas para encontrar el sonido de una caja.» Ha contado que lo peor de hacer *Motomami* fue estar casi dos años lejos de su familia, así que, para tener donde encerrarse 24/7 a veinte minutos en moto de casa (si finalmente se instala en el barrio barcelonés de Vallvidrera) y a media hora de Sant Esteve Sesrovires, Rosalía tiene en marcha la construcción de un estudio de grabación en un edificio de oficinas del Distrito Cultural de l'Hospitalet de Llobregat, al lado de Fira Gran Via —el recinto ferial donde se celebran el Sónar de Noche y el Manga Barcelona—, a diez minutos del aeropuerto, según avanzó RAC1 y amplió *La Vanguardia*. El premiado estudio barcelonés Arquitectura G —al que Rosalía sigue en Instagram— se encarga de la reforma del edificio, que, además del estudio albergará las tres empresas que tiene junto a su madre y su hermana: Motomami SL, Racinetas Productions SL y la inmobiliaria Tresmamis SL. Ojalá que su nuevo estudio no sea una habitación pequeña sin ventanas, siempre que las condiciones acústicas idóneas lo permitan.

Uñas

«Las uñas para mí siempre han sido un símbolo de una feminidad exagerada. Me identifica llevarlas tan largas, es una decisión estética. Pero casi puede ser un arma, ¿no?», decía Rosalía en Primavera Sound 2019 a propósito del entonces reciente estreno del single *Aute cuture*, con las barras: «Uñas de Dvine ya me las han copia'o. Que te las clavo, niño, ten cuida'o», y un videoclip ambientado en un salón de manicura y protagonizado por una Beauty Gang con uñas como sirlas, como las llama Mery Cuesta, usando el argot quinqui para referirse a navaja. En *Que no salga la luna* los ojos brillaban como las hojas de un cuchillo, mientras que en *Aute Cuture* las uñas ya lo son, una imagen a la que regresaría en una publicación en Instagram que precedió el videoclip de *La fama*, que finaliza con el apuñalamiento de The Weeknd. Volviendo a *Aute cuture*: «Es poner sobre la mesa mi amor por el *nail art*. Cada uña es como una pequeña obra de arte, hay mucha artesanía, es un mundo creativo increíble que me encanta», continuaba. Pero lo hacía «desde este lugar que tiene que ver con Tarantino [el vídeo de *La fama* homenajea a su vez a su colaborador Robert Rodríguez], con la fantasía, los colores y con el sentido del humor, pero también con la fuerza femenina». *Aute cuture* menciona a Dvine Nails, donde Rosalía empezó a hacerse las uñas cuando las adoptó en su estética, fundado por la *nail artist* peruana Maritza Paz en Cerdanyola del Vallès, en el área metropolitana de Barcelona, y que ahora cuenta con centros en Barcelona, Gavá, la Costa Brava, Marbella y Málaga. En Dvine Nails se han hecho las uñas Rosalía, Karol G (para el vídeo de *Provenza*), Bad Gyal (para el álbum *La joia)*, Nathy Peluso, Sita Abellán, Madonna, aprovechando el paso de The Celebration Tour por Barcelona en noviembre de 2023, y por supuesto Tokischa. «Las uñas en punta, las llevamos *stiletto*», le canta la Rosalía a Toki en *Linda*: una palabra polisémica que hace tanto referencia a una daga como a los tacones de aguja.

Undebel

Rosalía no tiene suficiente con mencionar repetidamente a Dios en cristiano: también lo hace en caló, la variante del romaní que hablan los gitanos de España. La mención a Undebel en *Malamente* («Aunque no esté bonita la noche, Undebel») va más allá del monoteísmo y tiene más que ver con el flamenco. La apelación a Undivé (una de las formas que adopta el término, derivado de *deva*, la divinidad en sánscrito) es habitual en el flamenco, y se oye en cantes de Lola Flores («Vengo del templo de Salomón. Traigo las leyes del faraón. Me manda Undivé», *El Lerele*), Camarón de la Isla («Gitana enciende la luz, que tengo una borrachera que a Undebel le hablo de tú», *El espejo en que te miras*) y Diego el Cigala («Que bonita la mañana, Dios mío, Undebel, si tú me besas al alba», *Undebel)*, por mencionar tres de los ídolos de Rosalía.

V

de Vendetta

> **¿Pero qué beefs, el argot en hip-hop para la rivalidad pública entre artistas, le han trascendido a Rosalía?**

La V es de *vendetta*, como el cómic de Alan Moore y la peli con guion de las hermanas Wachowski, en *Abcdefg*, «venganza» en italiano, relacionada con los ajustes de cuentas. «No puedes joder con una motomami» advierte su duodécimo mandamiento. ¿Pero qué *beefs* (argot en *hip-hop* para la rivalidad pública entre artistas) le han trascendido a Rosalía? La rapera gaditana Mala Rodríguez se posicionó junto a quienes acusaban a la catalana de apropiación cultural en 2018 en una entrevista en *ABC*. «Está haciendo uso de ciertas cosas que pertenecen a la identidad del pueblo andaluz y de la comunidad gitana... Es como hacer un papel. Lo hace muy bien, eh. Pero está interpretando.» Le preguntaron por la cuestión en 2021 en *El País*: «Al final le cogeré asco a la muchacha», espetó la Mala. «Si no me entusiasma, ¿ya soy una *hater*? Es como Paulina Rubio en su día, una artista de pop. No creo que me tengan que comparar con ella. Vale, ha cogido de allí y de aquí. Pero lo ha cogido ella, no yo, tócate los huevos. Ha escuchado mi discografía ocho veces, me veo en sus logros y eso es guay, pero yo soy muy feliz con lo mío.» Unas declaraciones por las que se la condenó en redes tanto por la mención a Rosalía como a la cantante de *Ni una sola palabra*. A propósito de la publicación de *Saoko* en febrero de 2022, la Mala se significó como motomami, publicó en redes fotos con motos y animó a comentar el *single* de Rosalía. «Has dejado atrás los rencores?», le preguntaban en un comentario. «Qué rencor? Soy su mamá», respondía ella. Pero en marzo, con la publicación del álbum *Motomami*, le llegaba la respuesta de Rosalía al *beef* en *Bizcochito*: «¿Qué más da que me tire la Mala si Haraca me tira la buena?». Y en julio de 2023, Mala colgó un tiktok bailando el tema *Rosa lío* que el reguetonero

JC Reyes había publicado después de promocionarlo con *deep fakes* de Rosalía desnuda. «El cuerpo de una mujer no es propiedad pública, no es una mercancía para tu estrategia de *marketing*», le respondió ella. Pero en un nuevo cambio de actitud, en noviembre de 2023, en una entrevista con Risto Mejide, Mala se refirió a Rosalía como «una genia, una fenómena». «Ha hecho algo muy grande por la música y lo seguirá haciendo», y añadió que las producciones de Rosalía «siguen ilusionando». Menos evidencias hay del supuesto *beef* con Karol G. A raíz de su single *Ay, Dios mío!* de julio de 2020, la diva colombiana fue acusada de copiar a la catalana por incluir el tra, tra en la letra de la canción (algo que habían hecho Don Chezina y Ivy Queen dos décadas antes), y por supuestamente imitar su estética en el videoclip en uñas, peinado, coreografía y localización. Estas críticas se remontarían a cuando Karol G habría empezado a servir uñas acrílicas y a frecuentar la *nail artist* de Rosalía. Las alusiones a ser objeto de copia en *Aute Cuture* («Uñas de Dvine ya me las han copia'o») y en *A palé* («To' lo que me invento me lo trillan») son de ese mismo período. Pero una y otra se han dirigido muestras de respeto en público. En 2021 Karol G abordó su supuesta rivalidad en la W Radio colombiana: «Tengo que ser honesta, no somos las artistas más cercanas, yo tengo relación de amistad con otras artistas en la música. Con ella es algo más de colegas en la industria. Pero sí hay, creo yo, una admiración de cada una de nosotras hacia la otra. Un respeto de lo que hacemos, creo que ha sido más lo que ha comentado la gente, han creado de pronto un *raye*, pero, en realidad, no lo hay. Creo que su música es increíble, tiene un concepto claro y definido. Es una artista muy completa». Rosalía incluyó *El Makinón*, de Karol G, en la *playlist* MotomamiSS$$ que hizo pública con la salida del álbum, y la Bichota subió un selfi con el audio de *Sakura*. En declaraciones en la alfombra roja de la Met Gala 2024, Rosalía contó a Karol G, junto a Bad Bunny, entre los «amigos» que tenía en el prestigioso evento.

VVS

Las siglas VVS (pronunciadas en inglés) en *TKN* conectan con la naturaleza cercana al *trap* de este single de 2020. Acrónimo de *very very slightly*, indica la clasificación de un diamante en relación a su claridad, y se usa para referirse a diamantes de calidad y pureza excelentes, con inclusiones muy muy ligeras y un precio muy muy alto, que se han convertido en símbolo de estatus en el *hip-hop* sobre el cual fanfarronear junto a los relojes Patek Philippe y los coches Lamborghini. Entre los raperos con barras fardando de lucir estas exclusivas joyas están el amigo de Rosalía Lil Uzi Vert, Cardi B, con quien grabó el *remix* de *Despechá*, Future, Gucci Mane, Playboi Carti, los desaparecidos Migos (Quavo y Offset desbandaron el grupo después de la muerte de Takeoff en un tiroteo en 2022: «Esto no dispara, la vacié», *TKN*), y por supuesto Travis Scott, que colabora en la canción, un tema bien duro que remite al universo de la mafia y la delincuencia organizada. Cuando Rosalía canta «VVS, DolceVita», no es una referencia a la película de Federico Fellini (aunque unas barras más arriba mencione al cineasta Gaspar Noé), sino a la gama DolceVita de relojes Longines, con un rango de precios entre los 1.600 y los 10.000 euros. «Hay niveles para todo en esta vida.»

W de Willie Colón

La W es de Willie Colón, única persona con nombre y apellidos —si no contamos el personaje de ficción Æon Flux— que se cuela en *Abcdefg*. Pero el trombonista, arreglista y director de orquestra *nuyorriqueño* que cocinó la salsa para Hector Lavoe y Rubén Blades en la década de 1970 es solo uno de los muchos nombres que Rosalía deja caer en su cancionero como credenciales y pistas del origen de su música. Colón es también el Willie de *La combi Versace*, «jangueando con salseros»: Tito es el percusionista Tito Puente. Los dos estuvieron vinculados a la citada Fania, el sello de Nueva York fundado, junto a Johnny Pacheco, por el también mencionado Jerry Masucci, en el que se ligó la salsa, la fusión orquestal de música cubana y portorriqueña y los géneros norteamericanos. También Héctor (Lavoe), de quien admite haber aprendido la sabrosura en *Con altura*, publicó discos en la Fania. Pero Rosalía no solo se divierte con la salsa: también janguea con reguetoneros. (Tego Calderón, Don Omar, Daddy Yankee, Haraca Kiko) y raperas (Lil' Kim y M.I.A.) «Ella es como Don, yo soy Daddy», canta Rauw Alejandro en *Vampiros*, en referencia a Don Omar y a Daddy Yankee, a quien también se referencia de manera indirecta en *Saoko* y *Bizcochito*. «¿Qué más da que me tire la Mala —le tira *beef* a Mala Rodríguez— si Haraca me tira la buena?», menciona al dominicano Haraca Kiko, que participaría en el *remix* del tema. Completan la lista de músicos latinoamericanos mencionados en las canciones de Rosalía los productores portorriqueños Chris Jedi y Gaby Music, a quienes acredita en *Despechá*, y el artista dominicano Omega, que grabó un *featuring* para la canción que no fue incluido en la versión final. Vamos con artistas peninsulares: Niña Pastori y José Mercé en *Bulería*; Canelita en *Chiri*; y de manera indirecta Camarón de la Isla y Estopa en *Dolerme*. Se cuela en *Chicken Teriyaki* Julio Iglesias —el español más universal antes que ella—, como referente de lujo y dispendio, igual que la modelo Naomi Campbell, que nos sirve para arrancar guiños a la moda, como el collar de perlas de Vivienne Westwood en *Saoko*. La referencias vertebran *La Combi Versace* («Dios bendiga a Gianni» y al frenesí de Donatella): entre citas a la medusa, emblema de la *case di moda* del título, menciones a las *maisons* Margiela y Dior (anticipando su rol de embajadora de la marca), a Gucci, Valentino y Moschino, y *shout outs* a la exmodelo (y exprimera dama francesa) Carla Bruni, al diseñador Dapper Dan, que se apropió en Harlem de los monogramas de Gucci, Fendi y Louis Vuitton, así como al rapero estadounidense Lil Uzi Vert y al compositor barroco Tomaso Albinoni. Suma a los cineastas Gaspar Noé (*TKN*) y Spike Jones (*Hentai*), y a las *socialites* Kim Kardashian (*Saoko*) y lady Di (*CUUUUuuuuuute*) y completamos el índice onomástico.

Winter-

-fall

Cuando al final de *Abcdefg* Rosalía identifica la W con el nombre en inglés del invierno y el otoño, podría referirse al tándem que forman las estaciones en las que hace frío en las colecciones de moda. Como si con su *winter-fall* lo hubiera manifestado, Rosalía actuaría y ejercería de comisaria musical en el desfile de la colección de hombre otoño-invierno 2023 de Louis Vuitton. Un año antes, en la presentación de la misma colección de 2022, los modelos habían desfilado al ritmo de una banda sonora compuesta por Tyler, the Creator, conducida por el director de orquesta venezolano Gustavo Dudamel. Había sido la última bajo el control del director creativo Virgil Abloh, primer afrodescendiente en este cargo, socio de Kanye West, uno de los principales introductores del *streetwear* en la pasarela, muerto a los cuarenta y un años en noviembre de 2021. La comisariada por Rosalía llegaría un mes antes del nombramiento de su amigo Pharrell Williams como nuevo director creativo de la línea masculina de la marca, y contaría con una puesta en escena del cineasta francés Michel Gondry (vinculado al guionista Charlie Kaufman, autor también de los guiones de algunas de las películas de «hazme un *tape* modo Spike» Jonze). En una casa de inspiración suburbial estadounidense construida en el Cour Carrée del Louvre («*Que jo sé que he nascut per ser milionària perquè em tanquin el Louvre així com el MACBA*», presagiaba en 2019), sobre el techo de un Cadillac amarillo tuneado, Rosalía —con un total *look* en blanco con plumas, camiseta imperio y pantalones *paper bag*, en negro las botas militares y los guantes hasta el codo— cantó el *remix* de *Candy*, *Saoko*, *De aquí no sales*, *De Plata* y *CUUUUuuuuuute*, y seleccionó las *Bulerías de la perla* de Camarón de la Isla, *Basbousa Song* del productor libanés Ahmad H Music, *Aio*, del rapero dominicano Angel Dior, y el *remix* de Nusar3000 de *Despechá*, que ya había incorporado en un interludio en su gira. El evento se retransmitió en vivo en *streaming*, y supera los 13 millones de visionados en YouTube.

X

de te despejo la X en un momento

La ecuación a resolver es hacia dónde irá Rosalía en su próxima era. «*Rusi season coming*», canta en *La combi Versace*: se viene R4, como llama su comunidad de fans al que será su cuarto álbum, y el goteo de fotos de Rosalía en el estudio es periódico desde octubre de 2023. Pero si la X es R4, para despejarla necesitamos saber cuándo se publicará y cómo será. El cuándo tiene al *fandom* impaciente, por no decir loqui, contando los días que han pasado sin música nueva de Rosalía, a imitación del *fandom* de Rihanna (que no publica un álbum desde *Anti* en el 2016). «Yo me pongo *deadlines*, pero no los puedo cumplir», contaba entre risas durante la promoción de *La fama* en noviembre de 2021. «Pero es necesario. Es como cuando los marinos ven un faro: el faro para mí es el *deadline*, aunque luego a lo mejor te pierdes un poco navegando... La odisea», y se parte imaginándose como Ulises en el poema de Homero, tardando diez años en regresar a Ítaca. «Pero los proyectos tienen su temporalidad. No puedes *fakear* el tiempo de duración de un proceso creativo, es el que es. Aunque tú te pongas las metas que sean, no creo que sea realista intentar encorsetarlo. David Lynch dice que todos hemos nacido con el don de la intuición: es mi intuición la que me dice que un proyecto no está terminado. Para mí, cuando siento de verdad que está terminado, lo está.» ¿Cómo será R4? Sin sacrificar su identidad ni hacer *cosplay* de nada, Rosalía ha mostrado facetas distintas en cada uno de sus álbumes. «Las llamas son bonitas porque no tienen orden. Y el fuego es bonito porque todo lo rompe», canta en *Sakura*, con lo que en R4 podría dinamitar (recordad que la D es de dinamita) todo lo que hasta ahora hemos asociado con ella. Cuando durante la promoción de *Motomami* el estadounidense Zane Lowe le preguntaba para Apple Music cómo pintaba el futuro, ella respondía que no pintaba mal, porque le parecería bien todo lo que tuviera que venir. «Intento no aferrarme a las cosas que tengo o a quien soy. Tampoco al amor que tengo en este momento de mi vida, ni a lo que hago, porque sé que estas cosas cambian [esto era en marzo de 2022]. No fue hasta el momento en el que lo acepté que pude continuar creando. Imagínate pasarte la vida con esta visión: ser músico de la manera más ambiciosa posible. Lo logras. Y lo dura que es la idea de perderlo, lo terrorífica que puede llegar a ser, me paralizó. Pero me dije: no, yo necesito crear y ser libre. Y fue entonces cuando pude continuar haciendo canciones e hice *Motomami*.» Mirando a lo lejos —Rosalía tiene tendencia a proyectarse en el futuro, pero se esfuerza para permanecer en el presente—, dice que se ve plantando cosas, cuidando animales y criando una familia. «Me veo con tres o cuatro hijos», dice. ¿Se puede ser más madre, cómo dirían sus fans?

Si la X es R4, para despejarla necesitamos saber cuándo se publicará.

Y de Yantas

La anarquía con la que Rosalía usa la ortografía es evidente para cualquiera que lea sus posts en redes sociales.

Cuando Rosalía dice que la Y es de yantas, todo apunta a que se refiere a la pieza central de la rueda sobre la que se monta el neumático. Ya sabemos que Rosalía es una jineta, que su Kawasaki va por seguiriya y que va a ciento ochenta porque es una *racineta*. Pero «yantas» es la segunda persona del singular del verbo yantar, una forma arcaica de referirse a comer. Las piezas que sostienen los neumáticos son las «llantas», que habría podido mencionar si en *Abcdefg* hubiese una L de llantas (pero la L, como la K, se la saltó). La anarquía con la que Rosalía usa la ortografía es evidente para cualquiera que lea sus posts en redes sociales. Alterna mayúsculas y minúsculas a su aire, usa abreviaturas como si escribiera un SMS en los dosmil, y si comete un error tipográfico, ahí se queda. «Me encanta bailar, lo hacía d peque y spero q la vida m permita hacerlo x muchos años. Siempre q aprendo 1 nuevo paso es frustrante xk n me sale bien xo yo sigo con la ilusión d perfeccionarlo hasta conseguirlo..mucho amor xa todos los q le ponéis corazón y ganas sea lo q sea q hagáis», tuiteaba en 2019. «SI TENÉIS UNA PREgunta aa lo mejor os la respondo» o «HoLa Hoy estoY alegre y disfrutonA así q Si quieres preguntarme algo es posible q te responda», abría consultorio en 2021 y 2022. «Rosalía modo Tuenti», «Sigue escribiendo como en Tuenti», «Me agregas al Tuenti?», le comentan, en referencia a la red social surgida en 2006, muy popular entre los adolescentes, que llegó a tener más de 10 millones de usuarios activos y 15 millones de registrados, y sobre la que *El País* se preguntaba en 2007: «Tuenti, ¿el Facebook español?». Adquirida en 2010 por Telefónica, con el cambio de década y la llegada de WhatsApp e Instagram, empezó su declive. En 2016 ya solo funcionaba como operador de telefonía, dejando los recuerdos de adolescencia de millones de personas nacidas en España en la década de 1990 en un olvido digital involuntario. Pero el estilo ortotipográfico de Tuenti para expresar la intensidad de las cosas que se viven y se sienten por primera vez sigue vivo en las redes de Rosalía.

Yenes

Aunque Rosalía cante que ha nacido para ser millonaria y haga *name dropping* de objetos de lujo en sus barras como una G, ha indicado en entrevistas que el dinero no es para ella una finalidad, sino un vehículo para sus aspiraciones artísticas. «No creo que [el dinero] sea tan importante, yo seguiría haciendo música, aunque no ganara ni un euro con ella. Por eso sé que me gusta tanto hacer música: porque la haría igualmente. Para mí el dinero es un medio para hacer lo que quiero hacer. Y como me gusta hacer proyectos grandes, necesitas dinero para hacerlos, necesitas infraestructura. Me gusta pensar a lo grande, y en ese sentido, viene muy bien. En lo personal no soy tan complicada, soy bien sencilla. Yo con un pan con tomate, mi tortilla de patatas, mi familia... soy feliz. Yo no necesito tanto.» Rosalía ha monetizado su marca personal en colaboraciones con Cupra, Coca-Cola, MAC Cosmetics o Dior («Desfilamos Dior custom en el colmadón»), de la que fue anunciada embajadora después de vestirla en la Met Gala 2024. Pero no se vende a cualquier precio: «Soy la marca más cara que tú no vas a poder capear». Exige llevar el timón, explicaba en Apple Music: «Si hablamos de verdad de una colaboración, voy a implicarme mucho. Y muchas empresas eso no lo pueden soportar. Supongo que no es lo más cómodo, colaborar con gente que es así. Pero es la única manera de que funcione. Así que a menos que yo comparta la misma visión o que tenga una gran libertad creativa, no lo hago. Prefiero tener menos dinero.» *«I el que voldria és tenir fucking money, man.»*

Generación Z

Nacida en 1992, Rosalía forma parte de la generación milenial, la que engloba las personas nacidas desde principios de la década de 1980 hasta mediados y finales de la década de 1990, y que vivieron la transición de la cultura analógica a la digital a una edad suficientemente temprana como para ser pioneros de internet y cohabitar en el mundo físico con las redes sociales. Nacer en la bisagra entre dos generaciones la convierte en *cusper*, anglicismo que explica por qué las personas nacidas al final de una generación o al principio de la siguiente comparten rasgos de ambas. Como zillennial, microgeneración en el vértice o cúspide entre milenials y generación Z, que arranca entre mediados y finales de la década de 1990, Rosalía, nativa de TikTok que llegó a tener MySpace, domina los códigos de una y otra y las interpela a ambas, la más espabilada de las milenials, la más madre de las Z. Rosalía encarna el arquetipo del *smartphone* como prolongación del brazo, usado para conectarse con el mundo y relacionarse con una sintaxis de selfis, la pantalla un reflejo en el que enamorarse de la propia imagen como Narciso, algo muy presente en la puesta en escena del Motomami World Tour. También la identifica la voluntad de combatir con preparación académica el futuro incierto y competitivo que deja la crisis económica de finales de los dosmil, representando un perfil de músico con formación reglada que nada tiene que ver con el del diletante autodidacta. Su identificación con la cultura del esfuerzo la distancia de la pereza que la generación Baby Boomer atribuye a la milenial. «Nos ven como poco trabajadores, y eso no me parece justo —protestaba en *El Mundo* en 2017—. Yo veo una generación muy inteligente y con mucho talento.»

Zapateao

El zapateado es una técnica de baile usada en el flamenco en la que los pies de los y las bailaoras se convierten en instrumento de percusión que marca el compás en diálogo con el cante y el toque de la guitarra, y en la que cada taconeo sirve para expresar emociones. En la TikTok Live Performance con la que debutó *Motomami* el 17 de marzo de 2023, con coreografía de Mecnun Giasar (coreógrafo, por cierto, de los números de Angelina Mango representando a Italia y de Marina Satti representando a Grecia en Eurovisión 2024), Rosalía se marca un zapateado durante la interpretación de sus *Bulerías*, con casco de motorista y unas botas de tacón de aguja hasta la entrepierna que, según cuenta en un interludio de la pieza, le están destrozando los pies. Debería haber hecho caso a Bibiana Fernández y untárselos con crema anestésica antes de calzárselas, o volver a las plataformas de las Buffalo de la era de *El Mal Querer*, que seguro eran mucho más cómodas.

Zarzamora

«¿Qué tiene la Zarzamora que a todas horas llora que llora por los rincones? Ella, que siempre reía y presumía de qué partía los corazones», cantaba Lola Flores en *La Zarzamora*, una de las coplas más populares de su repertorio, y que formó parte de *Zambra*, el espectáculo teatral que la unió, artística y sentimentalmente, con el cantaor Manolo Caracol. Compuesta por Quintero, León y Quiroga, el trío de compositores estrella del franquismo —como unos Holland-Dozier-Holland o Stock Aitken Waterman de la copla, autores también de *Tatuaje* (1941), *Pena, penita, pena* (1951) y *A tu vera* (1962)—, la Zarzamora del título es una cantaora que vive devorada por el pesar de un querer desgraciado, un amor adúltero que se revela en la última estrofa: «Lleva anillo de casao, me vinieron a decir. Pero ya lo había besao y era tarde para mí». Al contrario que la Zarzamora, Lola Flores sí sabía que Manolo Caracol, catorce años mayor, tenía mujer e hijos. Pero eso no frenó un romance que durante una década les convirtió en la pareja más popular de la posguerra española. Si la Faraona lloraba por los rincones no era porque Caracol llevara anillo de casado, sino por la violencia de su relación. A la Lola de España no había cómo atarla corta, pero como el marido carcelero de *El Mal Querer*, Caracol, que llegaba a casa de madrugada después de noches de coñac y cocaína, tenía encerrada a su mujer hasta que él se despertaba. Lola Flores se separó para siempre del cantaor para marcharse a hacer las Américas, donde el *New York Times* habría escrito sobre ella: «Ni canta ni baila, pero no se la pierdan». Una frase que, en realidad, nunca fue publicada en el prestigioso periódico estadounidense, pero que funciona tan bien como promo como un *billboard* en Times Square.

Z de Zorra

«La Z es de zarzamora o de zapateao... *o de zorra, también*», como recita Rosalía en Abcdefg. Porque a veces hay que ser un poco zorra en esta vida o, dicho de otra manera, no siempre hay que hacer lo que se espera de una, no se puede tener a todo el mundo contento: es importante saber decir que no. Le preguntaba Zane Lowe para Apple Music sobre las «historias legendarias en su trayectoria» de las veces en las que Rosalía había dicho que no, y sobre la importancia que tenía para ella negarse. «No puedes mantenerte fiel a ti misma diciendo que sí a todo —respondía ella, comiéndose un churro—. Prefiero decir que no y perder oportunidades antes que perder eso.» «Yo no tuve que hacer *na'ita* que yo no quisiera. Y, aunque ahora nadie lo ve, yo no tuve que hacer nada que me arrepienta ni de que yo lamente ahora para mantenerme en pie.» Rosalía continuará siendo igual de cantaora con un chándal de Versace que vestidita de bailaora. Y si en algún momento le parece necesario, un poco *zorra, también*.

Agradecimientos

La A es de agradecimientos, y esta Rosalipedia no habría sido posible sin la iniciativa de Leticia Sánchez Jiménez-Pajarero y el equipo de Libros Cúpula (gracias, Paula Pons), que creyeron que esto es pa' que quede y que lo que yo hago dura. Pero, sobre todo, sin las miles de canciones en la mente de Rosalía, que si está en esto es para romper. Que Dios la bendiga junto a Madonna y Beyoncé, a Brian Wilson, Karen Carpenter, Pet Shop Boys y Lana Del Rey, a mi familia y a la libertad. Gracias Aleix y Camil por aguantarme mientras yo me mataba 24/7, eso es lo que tuve que hacer. *Sempre és la família en primer lloc*. Yo por ti, tú por mí.

Bibliografía

AA. VV. *La Rosalía. Ensayos sobre el buen querer*. Madrid: Errata Naturae, 2021.

Aguilar, Tony. «Entrevista a Rosalía por Motomami: Amor, familia, referencias y vanguardismo.» *Los40*, canal de YouTube. 18 de marzo de 2022. <https://www.youtube.com/watch?v=IKZzj4Iz8aQ>.

Alemany, Luis. «Rosalía: "El flamenco es machista. Pero como todo".» *El Mundo*. 15 de agosto de 2017. <https://www.elmundo.es/cultura/musica/2017/08/15/59917837468aeb862c8b45bb.html>.

Alofoke Radio Show. «Rosalía: La mejor entrevista de su vida donde nos revela todos sus secretos.» YouTube. 11 de agosto de 2021. <https://www.youtube.com/watch?v=pihmClbsgAI>.

Altozano, Jaime. «Análisis de "Motomami". Entendiendo la transformación de Rosalía (con Rosalía).» YouTube. 7 de abril de 2022. <https://www.youtube.com/watch?v=8xGgFmoLRAE>.

Altozano, Jaime. «Entrevista completa con Rosalía: Motomami por dentro.» YouTube. 9 de abril de 2022. <https://www.youtube.com/watch?v=JSGlJ00w8Zw>.

Altozano, Jaime. «Rosalía: Lo que nadie está diciendo sobre "El mal querer".» YouTube. 9 de noviembre de 2018. <https://www.youtube.com/watch?v=NgHXFTgaVT0>.

Ánchez, Álvaro. «Motomami SL, el negocio familiar de Rosalía, gana brío al triplicar beneficios.» *El País*. 21 de enero de 2023. <https://elpais.com/economia/2023-01-21/motomami-sl-el-negocio-familiar-de-rosalia-gana-brio-al-triplicar-beneficios.html>.

Aswad, Jem. «Is Spanish Flamenco Singer Rosalia the Next Global Music Superstar?» *Variety*. 29 de mayo de 2019. <https://variety.com/2019/music/news/rosalia-spanish-flamenco-singer-superstar-1203227213/>.

Billboard. «Rosalía Accepts the Inaugural Producer of the Year Award At Billboard Women in Music Award 2023.» YouTube. 2 de marzo de 2023. <https://www.youtube.com/watch?v=dL_FSUKxFLo>.

Billboard. «Rosalía Accepts The Rising Star Award I Women in Music.» YouTube. 13 de diciembre de 2019. <https://youtu.be/a1UTwjm6ONs>.

BILLBOARD. «Rosalia Says Flamenco Connects Her to Latin Culture. Growing Up Latino.» YouTube. 30 de enero de 2019. <https://www.youtube.com/watch?v=xRI6nOFRhx0>.

BILLBOARD. «Rosalía. Chart history.» *Billboard*. 8 de abril de 2023. <https://www.billboard.com/artist/rosalia/chart-history/>.

BILLBOARD. «Rosalía: The Flamenco Star No One Saw Coming.» *Billboard*. 10 de octubre de 2019. <https://www.billboard.com/music/latin/rosalia-billboard-cover-story-interview-2019-8532527/>.

BUFFALO ZINE (@buffalozine). «I remember very vividly experiencing with my mother the moment in this photograph. I was a very active child, so there inevitably came a point in the day when — after running and jumping around — I would collapse from exhaustion, and she was always there to pick me up. She always had big boobs and I remember the feeling of laying down on her chest when I was very tired. That was the best pillow ever.» Instagram. 25 de abril de 2024. <https://www.instagram.com/p/C6MdkJ9MFap/>.

CARABALLO, Ecleen Luzmila. «Rosalía's Best Latin Win at the VMAs Sparked Conversation on Who's Considered Latinx.» *Remezcla*. 27 de agosto de 2019. <https://remezcla.com/music/rosalia-vmas-best-latin-who-is-considered-latinx/>.

CARAMANICA, Jon. «How a New Kind of Pop Star Stormed 2018.» *The New York Times*. 20 de diciembre de 2018. <https://www.nytimes.com/interactive/2018/12/20/arts/music/new-pop-music.html>.

CARDENAS, Cat. «Rosalía's path to pop immortality.» *Dazed*. 10 de septiembre de 2023. <https://www.dazeddigital.com/fashion/article/60766/1/rosalia-dazed-magazine-cover-rafael-pavarotti-ib-kamara>.

CARMICHAEL, Emma. «Hunter Schafer on Art, Love, Ambition—and Life Beyond "Euphoria".» *GQ*. 2 de abril de 2024. <https://www.gq.com/story/hunter-schafer-creativity-awards-profile>.

COBO, Leila. «Rosalía firma con nueva mánager: Exclusiva.» *Billboard*. 12 de septiembre de 2023. <https://www.billboard.com/espanol/negocios/rosalia-nueva-manager-jaime-levine-seven-mantles-exclusiva-1235411020/>.>.

Cobo, Leila. «Rosalía Signs With New Manager Jaime Levine (ex-Shakira).» *Billboard*. 12 de septiembre de 2023. <https://www.billboard.com/pro/rosalia-new-manager-jaime-levine-shakira/>.

Cobo, Leila. «Rosalía y su manager Rebeca León se separan cordialmente: Exclusiva.» *Billboard*. 2 de febrero de 2023. <https://www.billboard.com/espanol/negocios/rosalia-y-manager-rebeca-leon-se-separan-cordialmente-exclusiva-1235209597/>.

Corazón Rural, Álvaro. «CANADA: "Rosalía ha desacralizado los símbolos, que es lo contrario de apropiárselos".» *Jot Down*. 20 de agosto de 2018. <https://www.jotdown.es/2018/08/canada-rosalia-ha-desacralizado-los-simbolos-que-es-lo-contrario-de-apropiarselos/>.

Coscarelli, Joe; DeSantis, Alicia; Eaton, Alexandra; De Luca, Antonio; Lloyd, Will, y Weingart, Eden. «Watch How Spanish Superstar Rosalía Made a Global Reggaeton Hit.» *The New York Times*. 8 de julio de 2019. <https://www.nytimes.com/video/arts/music/100000006486498/rosalia-j-balvin-con-altura.html>.

Cruz, Penélope. «Rosalía, portada de Vogue Noviembre: "Ojalá que lo que hago tenga sentido para otras mujeres".» *Vogue España*. 19 de octubre de 2023. <https://www.vogue.es/articulos/rosalia-entrevista-penelope-cruz-portada-vogue-noviembre>.

CUPRA España. «CUPRA x ROSALÍA.» YouTube. 26 de marzo de 2023. <https://www.youtube.com/watch?v=RaMV0EJlggY>.

Debayle, Martha. «Rosalía.» YouTube. 18 de marzo de 2022. <https://www.youtube.com/watch?v=sRGaRDCNbMc>.

DeSantis, Rachel, y Nelson, Jeff. «Rosalía and Rauw Alejandro End Engagement After 3 Years Together (Exclusive).» *People*. 26 de julio de 2023. <https://people.com/rosalia-rauw-alejandro-end-engagement-exclusive-7565061>.

Dimoldenberg, Amelia. «Rosalía. Chicken Shop Date» YouTube. 1 de enero 2023. <https://www.youtube.com/watch?v=SNL1828hKIQ>.

Dior Official (@dior). «Celebrating the passionate synergy between fashion, performance, and music, the House is delighted to announce Grammy-winning @Rosalia.vt as the new Dior Ambassador.» Instagram. 15 de mayo de 2024. <https://www.instagram.com/p/C6-nEhsNyoD/>.

El País Semanal. «Rosalía en entrevista. Notas confinadas.» YouTube. 4 de abril de 2020. <https://www.youtube.com/watch?v=BFVTeQiUH-E>.

Escobedo Shepherd, Julianne. «Rosalía: “Si amo, voy con todo. Y creo que ese compromiso es lo mejor que hay”.» *Vogue España*. 24 de octubre de 2010. <https://www.vogue.es/living/articulos/rosalia-entrevista-motomami-portada-vogue-espana-noviembre>.

Europa Press. «Rosalía crea Racinetas Productions, una empresa para eventos, conciertos y actividades culturales.» 30 de abril de 2024. <https://www.europapress.es/catalunya/noticia-rosalia-crea-racinetas-productions-empresa-eventos-conciertos-actividades-culturales-20240430172529.html>.

Fa, Laura. Vázquez, Lorena. «Exclusiva Mamarazzis: Rosalía busca casa en un exclusivo barrio de Barcelona.» *El Periódico*. 7 de diciembre de 2023. <https://www.elperiodico.com/es/gente/20231207/rosalia-busca-casa-barrio-exclusivo-barcelona-mamarazzis-95564488>.

Falkenstein, Pia. «Mecnun Giasar: Immer in Bewegung.» RedBull. 24 de agosto de 2023. <https://www.redbull.com/de-de/mecnun-giasar-choreograf-taenzer-portraet>.

Freire, Juan Manuel. «Rosalía, antes de la gran explosión: así se hizo artista.» *El Periódico de Catalunya*. 16 de noviembre de 2018. <https://www.elperiodico.com/es/ocio-y-cultura/20181116/rosalia-origenes-refree-el-guincho-el-chiqui-7149387>.

G. Maldonado, Lorena. «Los gitanos atacan a Rosalía: “Usa nuestros símbolos como pestañas postizas”.» *El Español*. 31 de mayo de 2018. <https://www.elespanol.com/cultura/musica/20180531/gitanos-atacan-rosalia-usa-simbolos-pestanas-postizas/311468865_0.html>.

Genius. «Rosalía “Hentai”. Letra oficial y significado. Verified.» YouTube. 21 de marzo de 2022. <https://www.youtube.com/watch?v=ITDfpXbhy_s>.

Genius. «Rosalía “Saoko”. Letra oficial y significado. Verified.» YouTube. 23 de febrero de 2022. <https://www.youtube.com/watch?v=ocliZj7ZXb0>.

Gómez Cascales, Agustín. «Rosalía: “Es inevitable que se me considere una diva gay”.» *Shangay*. 3 de noviembre de 2018. <https://shangay.com/2018/11/03/rosalia-es-inevitable-que-se-me-considere-una-diva-gay-el-mal-querer-entrevista/>.

Grammy. «Rosalía. Artist.» 5 de febrero de 2023. <https://www.grammy.com/artists/rosalia/251995>.

GUERRERO, David, y LOZANO, Sergio. «Rosalía pone en marcha las obras de su estudio de grabación en L'Hospitalet de Llobregat.» *La Vanguardia*. 17 de mayo de 2024. <https://www.lavanguardia.com/cultura/20240517/9650129/rosalia-abrira-estudio-grabacion-l-hospitalet-llobregat.html>.

GUILLÉN, Raúl. «¿Es justa la acusación de "antigitanismo" hacia Rosalía?.» Jenesaispop. 28 de diciembre de 2017. <https://jenesaispop.com/2017/12/28/316709/justas-las-acusaciones-antigitanismo-apropiacionismo-hacia-rosalia/>.

GUILLÉN, Raúl. «Rosalía: "Yo soy la misma haga lo que haga, sea el género que sea".» Jenesaispop. 25 de octubre de 2016. <https://jenesaispop.com/2016/10/25/278744/rosalia-yo-soy-la-misma-haga-lo-que-haga-sea-el-genero-que-sea/>.

HOLAMOTOMAMI (@holamotomami). «Dia 10 dEspues de Motomami. Creo q la gente ha entendido Los Temas mEjor ahora que han oído eL discO entero eso me hace mUy FeliiiiiiZ. Mis haters trabajan pero yo trabajo Mas y Sigo convencida de cada nota y palabra en el disKo, no cambiaría Ni UnA😍.» Instagram. 27 de marzo de 2022. <https://www.instagram.com/p/CbntQCXgJrh/>.

HOLAMOTOMAMI (@holamotomami). «Electric ladYYYyyyy.» Instagram. 30 de enero de 2021. <https://www.instagram.com/p/CKrAnV5hIji/>.

HOLAMOTOMAMI (@holamotomami). «Playlist de rumba catalana y vamos q nos vamos.» Instagram. 7 de mayo de 2021. <https://www.instagram.com/p/COIRZY8hI6N/>.

LA PIJA Y LA QUINQUI. «Despechás con Rosalía y Pili.» YouTube. 31 de julio de 2022. <https://www.youtube.com/watch?v=U2MtXo37kXg>.

LA SEXTA. «Rosalía se confiesa en Lo de Évole: "Iba a sacar una canción para bailar, pero la paré porque no tiene sentido en este contexto".» 5 de abril de 2020. <https://www.lasexta.com/programas/lo-de-evole/mejores-momentos/rosalia-se-confiesa-en-lo-de-evole-iba-a-sacar-una-cancion-en-marzo-para-bailar-pero-pare-todo-porque-no-tiene-sentido-en-este-contexto_202004055e8a3dee237979000147ded2.html>.

LA VANGUARDIA. «La cantante Rosalía presenta a su madre en Instagram.» *La Vanguardia*. 26 de octubre de 2020.>.

LATIN GRAMMY. «Rosalía. Artist.» 16 de noviembre de 2023. <https://www.latingrammy.com/en/artists/rosalia/33084-01>.

LENORE, Víctor. «¿Rosalía antigitana? Arrecia el debate sobre el presente y futuro del flamenco.» *El Confidencial*. 15 de enero de 2018. <https://www.elconfidencial.com/cultura/2018-01-15/flamenco-rosalia-debate-cante-siglo-xxi_1504553/>.

LÓPEZ ENANO, Virginia. «Rosalía, viaje del flamenco al "trap".» *El País Semanal*. 1 de noviembre de 2018. <https://elpais.com/elpais/2018/09/06/eps/1536246627_030346.html>.

LOUIS VUITTON. «Men's Fall-Winter 2023 Show with Live Performance by Rosalía.» YouTube. 19 de enero de 2023. <https://www.youtube.com/watch?v=4xA2rV1cXpM>.

LOWE, Zane. Apple Music. «Rosalía: "Motomami", Creative songwriting and finding musical freedom with Frank Ocean.» YouTube. 16 de marzo de 2022. <https://www.youtube.com/watch?v=pYy3awwlJs4>.

LLANOS MARTÍNEZ, Héctor. «El mal querer: El universo visual de Filip Custic, autor de las imágenes del disco de Rosalía.» *Verne El País*. 2 de noviembre de 2018. <https://verne.elpais.com/verne/2018/10/31/articulo/1541004530_244530.html>.

MAC COSMETICS. «Get Rosalía's Everyday Glam.» YouTube. 11 de octubre de 2021. <https://www.youtube.com/watch?v=-LxNlXRPtJM>.

MARTÍNEZ, Kiko. «It Seems Rosalía is Dropping A Bachata Track & People Have Thoughts.» *Remezcla*. 12 de octubre de 2021. <https://remezcla.com/music/rosalia-bachata-response-tiktok/>.

MCINTYRE, Hugh. «The Story Of How Rosalia And TikTok Partnered To Earn An Unlikely Grammy Nomination.» *Forbes*. 2 de diciembre de 2022. <https://www.forbes.com/sites/hughmcintyre/2022/12/02/the-story-of-how-rosalia-and-tiktok-partnered-to-earn-an-unlikely-grammy-nomination/?sh=5d4f26c81e14>.

MEADE, Julie. «Rosalía on Working With Pharrell and Taking Flamenco Global.» *Billboard*. 1 de octubre de 2019. <https://www.billboard.com/music/latin/rosalia-interview-pharrell-flamenco-global-8492858/>.

MENAND, Louis. «The Iron Law of Stardom.» *The New Yorker*. 24 de marzo de 1997. <https://www.newyorker.com/magazine/1997/03/24/the-iron-law-of-stardom>.

MOLINS, Clara. «Rosalía projecta instal·lar el seu estudi musical a l'Hospitalet de Llobregat.» RAC1. 10 de diciembre de 2023. <https://www.rac1.cat/cultura/20231210/116618/rosalia-projecta-instalar-estudis-hospitalet-llobregat.html>.

MOTOMAMI TOUR (@MOTOMAMITOUR). «@Rosalia vía Instagram trabajando en el estudio.» X. 17 de octubre de 2023. <https://twitter.com/MOTOMAMITOUR/status/1714362630091989436>.

ORMAZABAL, Mikel. «Rebeca León, "manager" de Rosalía: "En la música no está todo inventado, hay muchas fusiones por ver".» *El País*. 28 de octubre de 2022. <https://elpais.com/cultura/2022-10-28/rebeca-leon-manager-de-rosalia-en-la-musica-no-esta-todo-inventado-hay-muchas-fusiones-por-ver.html>.

ORTEGA, Henar. S Moda. «Rosalía, la cantaora millenial que revoluciona el flamenco (y agota entradas).» *El País*. 19 de octubre de 2016. <https://smoda.elpais.com/celebrities/vips/entrevista-rosalia-cantaora-millenial-barcelona/>.

PÉREZ MÉNDEZ, María José. «Rosalía desafía el *dress code* de la Met Gala 2021 colando un trocito de España en una noche dedicada a la moda estadounidense.» *Vogue España*. 14 de septiembre de 2021. <https://www.vogue.es/celebrities/articulos/met-gala-2021-rosalia-vestido-manton-manila-rick-owens>.

PHILLIPS, Nuala. «Rosalía en la Met Gala 2022 (o el vestido de época que toda Motomami necesita).» *Vogue España*. 3 de mayo de 2022. <https://www.vogue.es/moda/articulos/rosalia-met-gala-2022-vestido-givenchy>.

PLAYGROUND. «"Cada uno ve lo que quiere ver": Entrevista con Rosalía.» Twitter. 6 de agosto de 2020. <https://twitter.com/playground/status/1291169618426507266>.

PRIETO, Míriam. «Rosalía canta en su Ford F-150 Raptor en una entrega de premios.» *El País*. 24 de noviembre de 2022. <https://motor.elpais.com/actualidad/rosalia-y-el-ford-f-150-raptor-una-actuacion-sobre-ruedas/>.

PRIMAVERA SOUND. «Rosalía Rueda de Prensa Primavera Sound 2019.» YouTube. 31 de mayo de 2019. <https://www.youtube.com/watch?v=meDjJVTZfAw>.

PROMUSICAE. «Top 100 canciones 2018.» El Portal de la Música. 31 de diciembre de 2018. <https://www.elportaldemusica.es/lists/top-100-canciones/2018/rosalia>.

PROMUSICAE. «Top 100 canciones 2019.» El Portal de la Música. 31 de diciembre de 2019. <https://www.elportaldemusica.es/lists/top-100-canciones/2019/rosalia>.

PROMUSICAE. «Top 100 canciones 2020.» El Portal de la Música. 31 de diciembre de 2020. <https://www.elportaldemusica.es/lists/top-100-canciones/2020/rosalia>.

PROMUSICAE. «Top 100 canciones 2021.» El Portal de la Música. 31 de diciembre de 2021. <https://www.elportaldemusica.es/lists/top-100-canciones/2021/rosalia>.

PROMUSICAE. «Top 100 canciones 2022.» El Portal de la Música. 31 de diciembre de 2022. <https://www.elportaldemusica.es/lists/top-100-canciones/2022/rosalia>.

PROMUSICAE. «Top 100 canciones 2023.» El Portal de la Música. 31 de diciembre de 2023. <https://www.elportaldemusica.es/lists/top-100-canciones/2023/rosalia>.

RAE (@RAEinforma). «"Consultas de la semana ¿Se escribe "tra, tra", "trá, trá", "tratrá"? Entendiendo que cada "tra" es una interjección independiente, lo adecuado es escribir "tra, tra", con coma entre los dos elementos, que se escriben sin tilde por ser monosílabos.» Twitter. 27 de noviembre de 2019. <https://twitter.com/RAEinforma/status/1199742457665200128>.

ROBERTO MTZ. «Creativo #170 - Rosalia.» YouTube. 18 de noviembre de 2021. <https://www.youtube.com/watch?v=qDMH1kX5jus>.

ROSALÍA (@Rosalia.vt). «Co🦋ing soon.» Instagram. 2 de noviembre de 2021. <https://www.instagram.com/reel/CVyNPP9tbNn/>.

ROSALÍA (@Rosalia.vt). «DESPECHÁ OUT NOW.» Instagram. 28 de julio de 2022. <https://www.instagram.com/reel/CgjNuFbMCuv/>.

ROSALÍA (@Rosalia.vt). «Dolerme link in bio.» Instagram. 24 de marzo de 2020. <https://www.instagram.com/p/B-H4XXml1YM/>.

ROSALÍA (@Rosalia.vt). «HOY es mi cumpleEEE☀️💖💚💛🙃🤍!!! Libra desde el 92 dando guerra hoy feliz de estar con los míos agradecida x todo lo aprendido y todo el amor recibido NO VOY A bajarle hasta q DIOS digaaaaaa.» Instagram. 25 de septiembre de 2022. <https://www.instagram.com/p/Ci8Kqb4uitE/>.

ROSALÍA (@Rosalia.vt). «MERCiiiiii POR TODAS LAS FELICITACIONES DE CUMPLEEE yo mas LIBRA Q NUNCA PARISELANDO EN LA CIUDAD DEL AMOR con mis mejores amigos disfrutandome esto de hacerme mayor abrazoss y bliss pa tods🤍💛💛🍧🍾🍧🍾🍧✨✨💫✨🎂🎂🎂.» Instagram. 26 de septiembre de 2023. <https://www.instagram.com/p/CxqrR3VM8x5/>.

Rosalía (@Rosalia). «La Rosalia's video of rauw alejandro y rosalía.» TikTok. 24 de septiembre de 2021. <https://www.tiktok.com/@rosalia/video/7011612265937997062>.

Rosalía (@Rosalia). «La Rosalia's video of rauw.» TikTok. 8 de agosto de 2022. <https://www.tiktok.com/@rosalia/video/7129557667944746245>.

Rosalía (@rosalia). «"El Mal Querer" sale el 2 de noviembre.» Twitter. 13 de septiembre de 2018. <https://x.com/rosalia/status/1040326334608826368>.

Rosalía (@rosalia). «Me acabo de enterar que Despechá tiene ya 1 BILLÓN de plays y los culpables sois todos vosotros 💞💞💞gracias por habérosla escuchado y bailado y gozado tantas veces!!!! Ojalá la vida me permita compartir Ojalá la vida me permita compartir otras muchas canciones con vosotros xxxx por ahora sigo trabajando en el nuevo disco y solo puedo decir que la espera valdrá la penaaaaa ejejjje.» X. 9 de junio de 2024. <https://twitter.com/MOTOMAMITOUR/status/1714362630091989436>.

Rosalía (@rosalia). «NEW ERA MOTOMAMI ERA.» Twitter. 10 de noviembre de 2021. <https://twitter.com/rosalia/status/1458531451700383753>.

Rosalía (@rosalia). «Una chica ke se va de racing.» Twitter. 16 de mayo de 2022. <https://x.com/rosalia/status/1526010153576697856>.

Rosalía Charts (@rosaliachart). «@ROSALIA makes history again as the first Spanish artist to have a solo song with 1 billion streams on Spotify after "DESPECHÁ" achieve this milestone.» X. 7 de junio de 2024. <https://x.com/rosaliachart/status/1799134512674156777>.

Rosalía. «Rosalía - Motomami (Rosalía Tiktok Live Performance).» YouTube. 16 de marzo de 2022. <https://www.youtube.com/watch?v=y51P8HNpwaM>.

Rosalía. «ROSALÍA'18 #001 - Nuevo proyecto (Parte 1).» YouTube. 30 de abril de 2018. <https://www.youtube.com/watch?v=5juaAzOR59s>.

Rosalía. «ROSALÍA'18 #002 - Nuevo proyecto (Parte 2).» YouTube. 9 de mayo de 2018. <https://www.youtube.com/watch?v=7njoaUqWitM>.

Rosalía. «ROSALÍA'18 #003 - EL MAL QUERER (Parte 3).» YouTube. 15 de mayo de 2018. <https://www.youtube.com/watch?v=YQm6RuoKkk4>.

RTVE. «Rosalía canta "Me quedo contigo". Goya 2019.» YouTube. 2 de febrero de 2019. <https://www.youtube.com/watch?v=32d1bq-kG5c>.

Salicrú, Marta. «Chiqui de la Línea: maestro de "cantaores".» *Barcelona Metròpolis*. 19 de abril de 2019. <https://www.barcelona.cat/metropolis/es/contenidos/chiqui-de-la-linea-maestro-de-cantaores>.

SALICRÚ, Marta. «Rosalía: flamenco sin miedo.» *Time Out Barcelona*. 25 de octubre de 2016. <https://www.timeout.es/barcelona/es/musica/rosalia-flamenco-sin-miedo>.

SÁNCHEZ HIDALGO, Emilio. «Rosalía explica con detalle "El mal querer" en respuesta a un análisis de Jaime Altozano.» *Verne El País*. 26 de noviembre de 2018. <https://verne.elpais.com/verne/2018/11/26/articulo/1543242288_701036.html>.

SANTIAGO CORTÉS, Michelle. «Rosalía Is Not Latina - But Is That The Right Question?.» Refinery29. 28 de julio de 2021. <https://www.refinery29.com/en-us/2021/07/10583721/is-rosalia-latina>.

SEGURA, Cristian. «El mapa de los orígenes de Rosalía.» *El País*. 7 de diciembre de 2019. <https://elpais.com/especiales/2019/rosalia/>.

SERÓ MORENO, Laia. «De dejar la ESO a estrella del "nail art".» *Ara*. 11 de enero de 2021. <https://es.ara.cat/economia/estrella-nail-art-quien-hace-unas-rosalia-nathy-peluso-cerdanyola-maritza-paz_1_3030914.amp.html>.

SERRANO, Nacho. «Rosalía: "Mi primer contacto con el flamenco fue viendo *Cine de Barrio* con mi abuela".» *ABC*. 28 de febrero de 2017. <https://www.abc.es/cultura/musica/abci-rosalia-interes-flamenco-nacio-viendo-cine-barrio-abuela-201702281345_noticia.html>.

SNAPES, Laura. «Billie, Lorde, Lizzo: has being a female pop star in 2021 become unbearable?» *The Guardian*. 20 de agosto de 2021. <https://www.theguardian.com/music/2021/aug/20/billie-eilish-lorde-lizzo-women-music-industry-fame>.

SOLÁ SANTIAGO, Frances. «This Peruvian Manicurist is Behind Karol G & Rosalía's Blingy Acrylic Sets.» *Remezcla*. 1 de agosto de 2020. <https://remezcla.com/features/culture/peruvian-manicurist-maritza-paz-karol-g-rosalia-blingy-acrylic-sets/>.

SONY MUSIC ESPAÑA. «Rosalía desvela su nuevo *single* y vídeo: "A Palé".» 8 de noviembre de 2019. <https://www.sonymusic.es/actualidad/rosalia-desvela-su-nuevo-single-y-video-a-pale/>.

SONY MUSIC ESPAÑA. «La ganadora del Grammy, Rosalía, publicará su nuevo álbum *Motomami* el 18 de marzo.» Nota de prensa. 4 de febrero de 2022.>.

TIKTOK NEWSROOM. «Rosalía y TikTok hacen historia en el Festival de Cannes 2023.» 23 de junio de 2023. <https://newsroom.tiktok.com/es-latam/rosalia-motomami-live-tiktok-cannes-lions>.

TOCINO, Pablo. «Rosalía: El flamenco es una de las músicas más profundas que existen; es como si contuviese mil vidas de miles de personas.» Jenesaispop. 21 de octubre de 2017. <https://jenesaispop.com/2017/10/21/311207/rosalia-tenemos-una-tradicion-musical-la-hostia-nuestra-generacion-se-esta-dando-cuenta/>.

TORRES, M. E. «Rosalía: Esta veinteañera es la responsable de que los "millennials" escuchen flamenco.» *Icon*. *El País*. 15 de enero de 2018. <https://elpais.com/elpais/2018/01/09/icon/1515514446_837955.html>.

VANITATIS. «Motomami hace despegar a Rosalía, que casi cuadruplica los beneficios de su empresa española.» *El Confidencial*. 7 de febrero de 2024. <https://www.vanitatis.elconfidencial.com/famosos/2024-02-07/rosalia-despega-empresa-motomami-cuadruplica_3825067/>.

VILLANUEVA, Carlos. «Rosalía convierte el cante en canción en "Los Ángeles", su disco debut.» RTVE. 10 de febrero de 2017. <https://www.rtve.es/noticias/20170210/rosalia-renueva-cante-flamenco-angeles-su-disco-debut/1489063.shtml>.

VOGUE ESPAÑA. «Rosalía analiza sus mejores looks, de Motomami a la Met Gala | Mi vida en looks.» YouTube. 19 de octubre de 2023. <https://youtu.be/p9W7y_APiLs?si=cEXv37Gw1jC1ebnV>.

WHEELER, André-Naquian. «Los secretos del vestuario del Motomami World Tour de Rosalía.» *Vogue España*. 6 de septiembre de 2022. <https://www.vogue.es/moda/articulos/rosalia-vestuario-gira-motomami-world-tour>.

XIMÉNEZ, Mario. «Viaje al centro de Rosalía.» *Vogue España*. 14 de septiembre de 2018. <https://www.vogue.es/living/articulos/rosalia-cantante-el-mal-querer-fenomeno-espanol/36727>.